# 社会福祉充実残額と法人経営

社会福祉充実残額の理解と充実計画策定のポイント

千葉　正展　著

全国社会福祉法人経営者協議会　編

全国社会福祉協議会

# 刊行にあたって

　このたび、全国社会福祉法人経営者協議会編による『社会福祉充実残額と法人経営～社会福祉充実残額の理解と充実計画策定のポイント～』を発行するはこびとなりました。

　本書は、平成29年4月1日に本格施行された改正社会福祉法により、社会福祉法人が毎会計年度算定することとされた「社会福祉充実残額」（以下、「充実残額」という）について、その算定の考え方や、残額が生じた場合の「社会福祉充実計画」（以下、「充実計画」という）策定のポイントについて解説したものです。

　充実残額の算定は、前会計年度に係る貸借対照表の額に基づき行われますが、自法人の充実残額がなぜそのような結果となるのか、また、算定結果を法人経営の観点からどのように捉えるのか、理解することが重要です。さらに、充実残額が生じる場合は、法人経営の実情や外部環境を踏まえつつ、どのように社会福祉の充実に向けて活用するのかを判断しなければなりません。

　本書は、4つの章にわかれており、第1章では、このたびの社会福祉法人制度改革において、社会福祉法人に求められていることや、そのなかでの充実残額算定、充実計画策定の意義を再確認しています。

　第2章では、「社会福祉充実計画の承認等に係る事務処理基準」のポイントについて、充実残額算定の考え方や充実計画策定の実務を解説しています。

　第3章では、充実残額の算定結果と法人経営の関連性について分析を行い、充実残額算定の課題について考察しています。

　第4章では、充実残額の算定や充実計画の策定にかかる法令・通知等を資料編として網羅しています。

　改正社会福祉法は本格施行されましたが、これにより社会福祉法人制度改革が終わったのではなく、これからは、それぞれの社会福祉法人の実践の真価が問われることになります。

　全国社会福祉法人経営者協議会は、すべての国民が生きがいをもって、ともに暮らす「地域共生社会の実現」に向けて、社会福祉法人が主体性、自律性を発揮し取り組みを展開できるよう、引き続き、全国社会福祉協議会・社会福祉施設協議会連絡会を構成する全国の施設種別協議会・団体連絡協議会とも連携しながら、提言等を図っていくこととしています。

　社会福祉法人経営者をはじめとする関係者の皆様におかれましては、今後とも、国民の負託に応える公益性・非営利性の高い法人経営に取り組んでいただくうえで、本書をその一助としてご活用いただくことを切に願っております。

平成30年5月22日
全国社会福祉法人経営者協議会
会　長　　磯　　彰　格

# 目　次

刊行にあたって

## 第1章　社会福祉法人制度改革と社会福祉充実残額 ······························· 1

### 1.　社会福祉充実残額算定と充実計画策定の義務化の背景
### 　～内部留保の明確化と財務規律の確立～ ······································· 1
### 2.　社会福祉法人制度改革と社会福祉充実残額 ································· 2
（1）コーポレートガバナンスをめぐる動向と社会福祉法人経営 ··········· 2
（2）社会福祉法人制度改革の4つの柱を踏まえた今後の経営実践 ········· 3

## 第2章　社会福祉充実計画の承認等に係る事務処理基準
## 　　　　（平成29年1月24日）のポイント ······························· 5

### 1.　社会福祉充実残額・社会福祉充実計画に係る法令等 ···················· 5
（1）社会福祉充実残額の算定等に係る法令・通知・事務連絡 ············· 5
（2）社会福祉充実残額の算定・充実計画の策定等の趣旨 ··················· 7
（3）社会福祉充実残額・充実計画にかかる用語の定義等 ··················· 9
（4）社会福祉充実残額算定から充実計画策定、実施までの流れ ·········· 10
### 2.　社会福祉充実残額の算定の考え方 ··········································· 11
（1）社会保障審議会福祉部会で示された算定の枠組み ····················· 11
（2）内部留保の運用形態と社会福祉充実残額 ······························· 12
（3）再投下できない内部留保額の算定・調整 ······························· 14
（4）実在内部留保の算定 ······················································· 17
（5）再生産に必要な財産 ······················································· 19
### 3.　事務処理基準通知における社会福祉充実残額の算定式 ················· 20
（1）事務処理基準通知における社会福祉充実残額の算定式 ··············· 20
（2）事務処理基準通知における算定方法の詳細について ··················· 20
### 4.　社会福祉充実計画策定の実務 ··············································· 39
（1）社会福祉充実計画の策定を要するケース ······························· 39
（2）社会福祉充実計画の記載内容 ············································· 40
（3）社会福祉充実計画に位置づける事業の種類 ··························· 40
（4）社会福祉充実事業の検討・記載順 ······································· 41
（5）地域公益事業 ······························································· 42
（6）社会福祉充実計画の実施期間 ············································· 43

（7）活用する社会福祉充実残額の範囲の特例 ……………………………………… 43

（8）公認会計士・税理士等への意見聴取 ……………………………………… 44

（9）地域協議会等への意見聴取 ……………………………………… 45

（10）理事会・評議員会の承認 ……………………………………… 47

（11）所轄庁への承認申請 ……………………………………… 47

（12）社会福祉充実計画の変更 ……………………………………… 53

（13）社会福祉充実計画の終了 ……………………………………… 57

（14）社会福祉充実計画の公表等 ……………………………………… 59

# 第3章 「社会福祉充実財産」の理解と充実残額算定の課題 …………… 62

## 1．社会福祉充実残額は生じなくて良かったのか？ ……………………… 62

## 2．社会福祉充実残額は経営指標か？ ……………………………………… 63

## 3．社会福祉充実残額発生の傾向・要因分析 ……………………………… 63

（1）減価償却の留保資金が社会福祉充実残額に混入することによる発生傾向

…………………………………………………………………………………… 64

（2）再取得に必要な財産のベースが過小になることによる発生傾向 ……… 65

（3）各種計算特例による発生傾向 ……………………………………… 66

（4）その他 ……………………………………………………………… 68

## 4．まとめ ……………………………………………………………………… 69

（1）社会福祉充実残額の算定式の会計学的な妥当性 ……………………… 69

（2）社会福祉充実残額と再投下・再生産ポテンシャル ………………… 69

（3）社会福祉法人の経営リスクと社会福祉充実残額 …………………… 69

（4）社会福祉充実残額の活用 ……………………………………… 70

# 第4章 資料編 ……………………………………………………………… 73

第 1 章

# 社会福祉法人制度改革と社会福祉充実残額

## 1. 社会福祉充実残額算定と充実計画策定の義務化の背景 〜内部留保の明確化と財務規律の確立〜

　平成29年4月1日に本格施行された改正社会福祉法（昭和26年法律第45号）に基づき、社会福祉法人は、毎会計年度において社会福祉充実残額を算定することが義務化された。算定の結果、充実残額が生じる場合は、社会福祉充実計画を策定し、社会福祉事業や公益事業に充当しなければならない（社会福祉法第55条の2）。

　これは、社会福祉法人が多額の内部留保をため込んでいるのではないかという、いわゆる内部留保問題を受けて導入された制度である。平成28会計年度決算をもとに、初めて算定が行われたが、実際には多くの社会福祉法人が、充実残額なしという結果となった。充実残額が生じなかったという事実は、これまでに指摘されてきた内部留保問題に、ひとつの答えを出すものと考えられる。

　しかし、これですべての課題が解決したわけではない。充実残額が生じなければ一件落着ということではなく、充実残額があってもなくても、その算定が制度に位置づけられた背景や、社会から求められている社会福祉法人の使命・役割を正しく理解し、今後のあり方を考えていくことが必要である。

　改正社会福祉法において、充実残額の算定と充実計画の策定が義務づけられた背景には、内部留保の明確化という側面とともに、「適正かつ公正な支出管理」とあわせて、高い公益性と非営利性にふさわしい財務規律を確立するという側面がある。

　社会福祉法人における財務規律の確立に向けて、第一に、適正な役員報酬や関係者への利益供与の禁止といった「適正かつ公正な支出管理」の徹底が求められ、支出の適正性と公正性を担保するために一定規模以上の法人に対する会計監査人の設置が義務づけられた。そのうえで、事業運営のなかで発生する収支差（利益）については、社会福祉事業または公益事業にのみ再投下されることを制度的により明確にするために、充実残額の算定と充実計画の策定が義務づけられた。

　このような背景も踏まえ、充実残額があったか、なかったかという観点のみならず、充実残額の算定を通して、「適正かつ公正な支出管理」を徹底するためのガバナンス強化、そうした取組を担保するための専門家の関与等について検討し、そのプロセスと結果を「見える化」「見せる化」することで、事業運営の透明性を向上

させ、地域社会からの信頼を高めていくというサイクルを作っていくことが求められていると考える必要がある。

そのためにも、いま一度、社会福祉法人制度改革によって求められていることを確認し、そのなかで、充実残額の算定、充実計画の策定の意義を捉える必要がある。

## 2. 社会福祉法人制度改革と社会福祉充実残額

### (1) コーポレートガバナンスをめぐる動向と社会福祉法人経営

今般の社会福祉法人制度改革は、「経営組織のガバナンス強化」、「地域における公益的な取組を実施する責務」、「事業運営の透明性の向上」、「財務規律の強化」の4点を柱として、さまざまな制度改正が行われた。

そのねらいは、公益性・非営利性を確保する観点から制度を見直し、国民に対する説明責任を果たし、地域社会に貢献する法人のあり方を徹底することにあったが、こうした動きは、昨今、社会福祉分野だけに見られるものではない。

平成29年6月9日に閣議決定された「未来投資戦略2017－Society5.0の実現に向けた改革―」では、コーポレートガバナンス改革を形式から実質へと推し進め、わが国企業の「稼ぐ力」を強化することが掲げられている。

企業においては、国際競争力を強化するため、中長期的な収益性・生産性を高めることが重要とされている。スチュワードシップ・コードの策定（平成26年2月）、社外取締役の確保に向けた改正会社法の施行（平成27年5月）、コーポレートガバナンス・コードの策定（平成27年6月適用開始）等が進められており、特に平成27年は、わが国の「コーポレートガバナンス元年」であるともいわれた。

平成27年6月に東京証券取引所が策定したコーポレートガバナンス・コードは、上場企業が守るべき行動規範を網羅したものであり、法的な強制力はないが、上場企業はコードに準拠しない場合はその理由をステークホルダー（利害関係者）に説明するよう求められている。このことを「Comply or Explain」といい、どのような説明をするかはそれぞれの企業が考え、決定し、判断は市場に仰ぐという考え方である。このように、大原則を示し、具体的な方法論は各企業に委ねる「プリンシプルベース・アプローチ（原則主義）」の考え方が採用されており、これまでの細かな基準を示す「ルールベース・アプローチ（細目主義）」の考え方が改められている。

また、コーポレートガバナンス・コードにおいて、コーポレートガバナンスとは、「会社が、株主をはじめ顧客・従業員・地域社会等の立場を踏まえたうえで、透明・公正かつ迅速・果断な意思決定を行うための仕組みを意味する」ことと定義されている。さらに、コーポレートガバナンス・コードは、「実効的なコーポレートガバナンスの実現に資する主要な原則を取りまとめたものであり、これらが適切に実践されることは、それぞれの会社において持続的な成長と中長期的な企業価値の向上のための自律的な対応が図られることを通じて、会社、投資家、ひいては経

済全体の発展に寄与することとなるものと考えられる」と位置づけられている。

さらに、経済産業省がまとめたコーポレート・ガバナンス・システムの在り方に関する研究会報告書「コーポレート・ガバナンスの実践〜企業価値向上に向けたインセンティブと改革〜」（平成27年7月24日）では、具体的な取組と制度の双方を踏まえた検討の必要性として、以下のように指摘している。

▶ コーポレート・ガバナンスの強化は、中長期的な企業価値を向上させることこそが目的であり、形式的にガバナンス体制を整えるだけであれば、単に企業の対応コストのみを生じさせる結果となりかねない。

▶ 近年の制度の整備も踏まえて、各企業においてコーポレート・ガバナンスに関連する取組（プラクティス）を充実させ、中長期的な企業価値の向上のために活かすことこそが、真に重要である。

▶ したがって、コーポレート・ガバナンスに関連する制度の整備を踏まえて、中長期的に企業価値を向上させるため、コーポレート・ガバナンスに関する企業の具体的な取組と制度の双方を見据えた整理が今まさに必要とされている。

こうしたコーポレートガバナンスをめぐる動向について、社会福祉法人に置き換えて考えてみると、社会福祉法人制度創設以来、もっとも大きな見直しとなる今回の法改正に対応すべく、各法人において、定款変更や理事会・評議員会といった経営組織の見直し、役員報酬基準の公表等、さまざまな取組が必要とされた。平成29年4月の本格施行を迎え、国における法制度の整備や、各法人での制度改正に伴う一定の対応は終了しているが、このことをもって社会福祉法人制度改革が終了したわけではない。形式的にガバナンス体制を整えるだけでは、単に法人の負担を増やすだけである。これからは、制度論から実践論へと新たなステージに移行していることを認識し、社会福祉法人の経営実践について考える必要がある。

## (2) 社会福祉法人制度改革の4つの柱を踏まえた今後の経営実践

これからの社会福祉法人の経営実践を考えるうえで、ひとつのキーワードとなるのが、責務規定とされた地域における公益的な取組の実施である。社会福祉法人が本来果たすべき役割として、法律に明確化されたものだが、これは、事業運営の透明性の向上と一体をなしている。

社会福祉法人が行う取組が、真に社会や地域のニーズを捉えているかどうかは、実際に国民や地域住民の声を聞いてみなければわからない。特に、地域における公益的な取組は、他の事業主体では困難な福祉ニーズに対応することとされている。地域のなかには、いまだ課題としても認識されず、潜在化しているニーズがある。社会福祉法人は、従来にも増してより高い感度で、地域と関わる必要がある。

事業運営の透明性の向上として、さまざまな情報の公表が求められたが、そのねらいは、法人としての取組を積極的に発信し、国民や地域住民の評価を得ることにある。そうして受けた評価を、次の法人経営に活かしていく。市場の声に耳を傾

け、ガバナンスを構築した企業だけが競争に勝ち残ることができるのと同様、国民や地域住民のニーズを的確にとらえ、そこに対応できる社会福祉法人だけが、この先も地域において事業を継続できるということである。

　また、今回の法改正により、ガバナンスの強化が図られたことを前提に、契約ルールや措置費・保育所委託費の弾力運用、指導監査の見直しがなされ、これまで以上に社会福祉法人が主体性をもって自律的な経営を行うことが可能となった。それぞれの社会福祉法人が地域のなかで、どのように存在意義を発揮していくかが、各法人の実践に委ねられている。

　社会福祉法人制度改革の4つの柱である
　▶「経営組織のガバナンス強化」
　▶「地域における公益的な取組を実施する責務」
　▶「事業運営の透明性の向上」
　▶「財務規律の強化」
は、相互に密接に関係している。

　社会福祉法人にとって、経営組織のガバナンス強化の目的は、地域のニーズに対して実践を積み重ね、社会や地域からの評価を得て、その実践がさらによりよいものとなるよう工夫し、法人としての中長期的な価値を向上させることにある。

　充実残額の算定や、充実計画の策定は、そうした取組の一部を切り取ったものにすぎない。充実残額の有無にかかわらず、地域のさまざまな生活・福祉課題に積極的に対応し、今後も事業を継続していくためには、法人としての取組を広く社会に公開し、さまざまな意見を取り入れながら、よりよい方策を探求していく必要がある。そして、それらの方策が、法人としての将来の展望や中長期的な計画につながるのである。中長期計画に基づき事業を展開し、再度、地域住民の評価を得る、という循環を通して、地域にとってなくてはならない社会福祉法人としての存在意義を確立していくことが求められている。

第 2 章

# 社会福祉充実計画の承認等に係る事務処理基準（平成29年1月24日）のポイント

## 1. 社会福祉充実残額・社会福祉充実計画に係る法令等

### (1) 社会福祉充実残額の算定等に係る法令・通知・事務連絡

　　平成29年4月1日から施行された改正社会福祉法において、すべての社会福祉法人は、毎会計年度、その保有する財産について、事業継続に必要な財産を控除したうえで、再投下可能な財産を算定しなければならないこととなった。

　　また、その算定の結果、充実残額が生ずる場合は、充実計画を策定し、所轄庁等の承認を受けたうえで、これに基づく事業（以下、「充実事業」という）を実施することで、地域の福祉ニーズを踏まえた計画的な充実残額の再投下を進めていかなければならないこととなった。

　　これらの新制度に係る法令上の規定は以下の通りである。


●社会福祉法
　第55条の2　（社会福祉充実計画の承認）
　　　　　　第１項　社会福祉充実計画等の承認関係全般
　　　　　　第２項　社会福祉充実計画の申請
　　　　　　第３項　社会福祉充実計画の記載事項
　　　　　　第４項　社会福祉充実事業の検討順序
　　　　　　第５項　公認会計士・税理士からの意見聴取
　　　　　　第６項　地域公益事業実施に当たっての地域の意見聴取
　　　　　　第７項　評議員会による充実計画の承認
　　　　　　第８項　充実計画の作成・実施への所轄庁による助言
　　　　　　第９項　充実計画の承認基準
　　　　　　第10項　関係地方公共団体の長への調査の協力依頼
　　　　　　第11項　承認社会福祉充実計画（承認計画）の実施義務

　第55条の3　（社会福祉充実計画の変更）
　　　　　　第１項　承認計画の変更関係全般
　　　　　　第２項　軽微な変更の所轄庁への届出

5

第3項　前条第3項～10項の第1項の変更の申請への準用
第55条の4　（社会福祉充実計画の終了）
　　　　　　やむを得ない事由による承認計画の終了


●社会福祉法施行規則
第2条の41　（事業の概要等）
　　　　　　第12号　社会福祉充実残額並びに充実計画の策定・進捗状況
　　　　　　第14号　社会福祉充実残額の算定の根拠（社会福祉充実残額算定
　　　　　　　　　　　シート）
第6条の13　（社会福祉充実計画の承認の申請）
第6条の14　（控除対象財産額等）
第6条の15　（社会福祉充実計画の記載事項）
第6条の16　（実施する事業の検討の結果）
第6条の17　（財務に関する専門的な知識経験を有する者）
第6条の18　（承認社会福祉充実計画の変更の承認の申請）
第6条の19　（承認社会福祉充実計画における軽微な変更）
第6条の20　（承認社会福祉充実計画における軽微な変更に関する届出）
第6条の21　（承認社会福祉充実計画の終了の承認の申請）
第6条の22　（様式）


　これら法令の規定に基づく充実残額の算定及び充実計画の策定等に係る社会福祉法人及び所轄庁等の事務処理の基準として、厚生労働省は次のふたつの通知を発出した。

- 社会福祉法第55条の2の規定に基づく社会福祉充実計画の承認等について（平成29年1月24日　社援発0124第1号　社会・援護局長ほか連名通知）（以下、「事務処理基準通知」という）
- 「社会福祉充実計画の承認等に係る事務処理基準」に基づく別に定める単価等について（平成29年1月24日　社援基発0124第1号　社会・援護局福祉基盤課長通知）（以下、「別に定める単価等通知」という）

※両通知とも平成30年1月23日に一部改正。

　また、事務処理基準通知等の取扱いについてのQ&Aとして次の事務連絡が発出された。

- 「社会福祉充実計画の承認等に関するQ&A（Vol. 3）」について（平成30年1月23日　社会・援護局福祉基盤課　事務連絡）（平成29年4月25日付のVol. 2に項目追加したもの）（以下、「Q&A」という）

　さらに、充実残額の算定根拠の届出に用いる具体的な様式及びその記載要領、その他これらに関連する社会福祉法人の財務諸表等電子開示システムに係る取扱い等

について、下記の通知・事務連絡が発出されている。

- 社会福祉法人が届け出る「事業の概要等」等の様式について（平成29年3月29日　社援発0329第48号　社会・援護局長ほか連名通知）（平成30年3月20日に一部改正）
- 「社会福祉法人の財務諸表等電子開示システム」による情報の提供等について（依頼）（平成29年3月29日　社援発0329第49号　社会・援護局長通知）
- 社会福祉法施行規則第9条による届出方法について（平成29年3月29日　社会・援護局福祉基盤課　事務連絡）
- 社会福祉法人が届け出る「事業の概要等」等の様式に関するQ&A（平成30年3月20日　社会・援護局福祉基盤課　事務連絡）

---

社会福祉法（抄）
（社会福祉充実計画の承認）
第五十五条の二　社会福祉法人は、毎会計年度において、第一号に掲げる額が第二号に掲げる額を超えるときは、厚生労働省令で定めるところにより、当該会計年度の前会計年度の末日（同号において「基準日」という。）において現に行つている社会福祉事業若しくは公益事業（以下この項及び第三項第一号において「既存事業」という。）の充実又は既存事業以外の社会福祉事業若しくは公益事業（同項第一号において「新規事業」という。）の実施に関する計画（以下「社会福祉充実計画」という。）を作成し、これを所轄庁に提出して、その承認を受けなければならない。ただし、当該会計年度前の会計年度において作成した第十一項に規定する承認社会福祉充実計画の実施期間中は、この限りでない。
一　当該会計年度の前会計年度に係る貸借対照表の資産の部に計上した額から負債の部に計上した額を控除して得た額
二　基準日において現に行つている事業を継続するために必要な財産の額として厚生労働省令で定めるところにより算定した額

---

社会福祉法施行規則（抄）
（控除対象財産額等）
第六条の十四　法第五十五条の二第一項第二号に規定する厚生労働省令で定めるところにより算定した額は、社会福祉法人が当該会計年度の前会計年度の末日において有する財産のうち次に掲げる財産の合計額をいう。
一　社会福祉事業、公益事業及び収益事業の実施に必要な財産
二　前号に掲げる財産のうち固定資産の再取得等に必要な額に相当する財産
三　当該会計年度において、第一号に掲げる事業の実施のため最低限必要となる運転資金
2　前項第一号に規定する財産の算定に当たつては、法第五十五条の二第一項第一号に規定する貸借対照表の負債の部に計上した額のうち前項第一号に規定する財産に相当する額を控除しなければならないものとする。

---

## (2) 社会福祉充実残額の算定・充実計画の策定等の趣旨

　　前項のような制度が導入されることとなった背景には、社会福祉法人に対して期待される今日的な役割があったと考えられる。

### ①公費投入に相応しい公益性の発揮の役割

　　ひとつには社会福祉法人が実施する事業の大半が介護報酬や措置費、委託費等の公費が投入され、それに相応しい公益的な役割を果たすこと、具体的には地域や利

用者の福祉ニーズを的確に把握し、事業を充実させるとともにサービスの質を高めていく不断の努力が求められることである。

## ②複雑化・多様化する地域福祉ニーズへの対応の役割

いまひとつは複雑化・多様化する地域福祉ニーズに対して提供されるサービスが不足する場合には、既存の社会福祉制度の枠組みにとらわれずに、積極的に新たなサービスを創り出していく役割も社会福祉法人の重要な役割となっている。

## ③保有財産の分類・取扱いルールとその使途に係る説明責任の明確化

このような社会情勢の変化に対して、社会福祉法人の制度は昭和26年に制定されて以降、大きな改正がなされないまま今日に至り、こうした新たな役割の発揮を制度的に担保できていない状況が生じていた。

また、今次の社会福祉法人制度改革のひとつの発端となった社会福祉法人の内部留保批判に関しては、公費を扱う公益的な法人制度として、法人が保有する財産の

### 図表1　社会福祉充実残額の算定及び充実計画の策定の趣旨

社会福祉法人（以下「法人」という。）の今日的な意義は、社会福祉事業や公益事業に係る福祉サービスの供給・確保の中心的役割を果すことのみならず、他の事業主体では対応できない様々な福祉ニーズを充足することにより、積極的に地域社会に貢献していくことにある。

したがって、国民の税や保険料を原資とする介護報酬や措置費、委託費等により、事業を運営している法人の公益的性格に照らせば、地域や利用者の福祉ニーズを的確に把握し、既存の社会福祉事業又は公益事業を充実させていくとともに、自ら提供するサービスの質を高めていくことが求められる。

また、地域の福祉ニーズに対応したサービスが不足する場合には、既存の社会福祉制度の枠組みの内外を問わず、新たなサービスを積極的に創出していくことが求められるものである。

このような中、これまでの法人制度においては、法人が保有する財産の分類や取扱いに係るルールが必ずしも明確でなく、公益性の高い非営利法人として、これらの財産の使途等について明確な説明責任を果たすことが困難であった。

このため、平成28年に成立した社会福祉法等の一部を改正する法律（平成28年法律第21号）による改正後の社会福祉法（昭和26年法律第45号。以下「法」という。）においては、平成29年4月1日以降、法人は、毎会計年度、貸借対照表の資産の部に計上した額から負債の部に計上した額を控除して得た額が事業継続に必要な財産額（以下「控除対象財産」という。）を上回るかどうかを算定しなければならないこととされている。

さらに、これを上回る財産額（以下「社会福祉充実残額」という。）がある場合には、社会福祉充実残額を財源として、既存の社会福祉事業若しくは公益事業の充実又は新規事業の実施に関する計画（以下「社会福祉充実計画」という。）を策定し、これに基づく事業（以下「社会福祉充実事業」という。）を実施しなければならないこととなる。

このような観点から、社会福祉充実残額の算定に当たって必要となる控除対象財産の範囲については、各法人間において客観的かつ公平なルールとなるよう、これを明確化するものである。

また、社会福祉充実残額が生じる場合、法人は、社会福祉充実計画を策定し、これに従って社会福祉充実事業を実施しなければならないこととなるが、これは、社会福祉充実残額が主として税金や保険料といった公費を原資とするものであることから、法人がその貴重な財産を地域住民に改めて還元するのみならず、社会福祉充実計画の策定プロセスを通じ、その使途について、国民に対する法人の説明責任の強化を図るために行うものである。

資料：事務処理基準通知

分類や取扱いに関するルールが必ずしも明確ではなく、内部留保が何ら明確な目的もないまま法人内に保有・死蔵されているとの指摘もあるなか、その使途について明確な説明責任を果たしていくことが求められるようになったのである。

### (3) 社会福祉充実残額・充実計画にかかる用語の定義等

平成29年度に本格施行された社会福祉法人制度改革における財務規律の強化に係る改正事項においては、「社会福祉充実残額」、「社会福祉充実計画」等、新たな用語が用いられるようになった。その主なものについての定義をまとめると以下の通りとなる。

#### ①社会福祉充実残額

社会福祉法人が有する財産から、事業継続に必要な財産を控除して求めた「再投下可能な財産」のことを「社会福祉充実残額」という（事務処理基準通知前文）。

法令上の定義としては、社会福祉法（以下、「法」という）第55条の2第1項及び第3項第4号において社会福祉充実残額の規定がある。具体的には次の1）の額から2）の額を控除して得た額とされている。

1）当該会計年度の前会計年度に係る貸借対照表の資産の部に計上した額から負債の部に計上した額を控除して得た額
2）基準日において現に行っている事業を継続するために必要な財産の額として厚生労働省令で定めるところにより算定した額

ここで「厚生労働省令で定めるところ」については、社会福祉法施行規則（以下、「規則」という）第6条の14で当該会計年度の前会計年度の末日において有する次の財産として3つのものが定められている。

2）-1　社会福祉事業、公益事業及び収益事業の実施に必要な財産（対応負債を控除した額）
2）-2　2）-1に掲げる財産のうち固定資産の再取得等に必要な額に相当する財産
2）-3　当該会計年度において、2）-1に掲げる事業の実施のため最低限必要となる運転資金

#### ②社会福祉充実計画

法第55条の2第1項において社会福祉充実計画の定義がある。すなわち社会福祉充実残額を算定した結果、残額が生じた場合、既存事業（後述）の充実又は新規事業（後述）の実施に関する計画を作成することとされ、この計画のことを「社会福祉充実計画」というと定められている。

#### ③基準日

法第55条の2により、毎会計年度において充実残額を算定することとなるが、そ

**図表2　既存事業・新規事業・基準日**

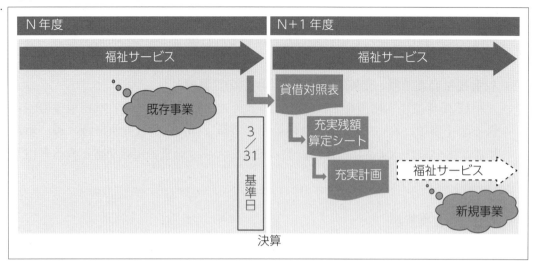

資料：筆者作成

**図表3　既存事業・新規事業・社会福祉充実事業**

資料：筆者作成

の算定については算定する年度（当該会計年度）の前会計年度に係る貸借対照表の額に基づくこととなる（**図表2**）。

この算定の基準となる前会計年度の末日のことを「基準日」とされている。

④**既存事業・新規事業**

当該基準日現在にすでに実施している社会福祉事業又は公益事業を「既存事業」、既存事業以外の社会福祉事業又は公益事業を「新規事業」と称することとされている（**図表3**）。

⑤**社会福祉充実事業**

充実残額が生ずる場合、充実計画に記載される既存事業又は新規事業のことを「社会福祉充実事業」（以下、「充実事業」という）と総称することとされている（**図表3**）。

**(4) 社会福祉充実残額算定から充実計画策定、実施までの流れ**

充実残額の算定から、充実計画の策定・承認・届出、さらには充実事業の実施までの流れは**図表4**のとおりである。

**図表4**の「①社会福祉充実残額の算定」については、すべての社会福祉法人が行

**図表4　社会福祉充実計画の策定の流れ**

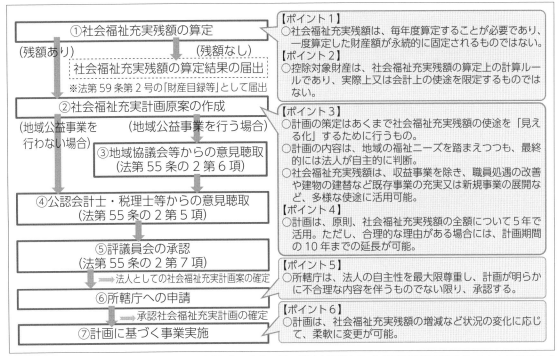

資料：厚生労働省「第5回社会福祉法人の財務規律の向上に係る検討会資料」及び「事務処理基準通知」をもとに筆者作成

う必要がある。算定の結果、充実残額が生じなかった場合は、法第59条第2号の「財産目録等」として所轄庁に届出を行う。充実残額は、残額の有無や充実計画の策定の有無にかかわらず、毎会計年度算定を行わなければならない。

充実残額が生じ、充実事業として地域公益事業を行おうとする場合に限り「③地域協議会等からの意見聴取」が必要となる。充実事業として社会福祉事業やその他の公益事業を行う場合にはこの手続きは不要である。

「④公認会計士・税理士等からの意見聴取」にあたっては、監事監査の終了後とするなど、決算が明確となった段階で行うこととされている。

「⑤評議員会の承認」を受けるため評議員会に付議することとなるが、当然その前段階で評議員会に付議する旨を理事会で決定しておくことが必要である。

## 2. 社会福祉充実残額の算定の考え方

### (1) 社会保障審議会福祉部会で示された算定の枠組み

充実残額の算定の基本的な考え方は、平成26年10月16日の第6回社会保障審議会福祉部会で示された（**図表5**）。

具体的には、**図表5**のⒸ（再投下対象財産＝社会福祉充実残額）は、ⒶからⒷを控除した額とされた。

ここでⒶは資産から負債と基本金と国庫補助金等特別積立金を控除したもので、

図表5　社会福祉法人の余裕財産の明確化

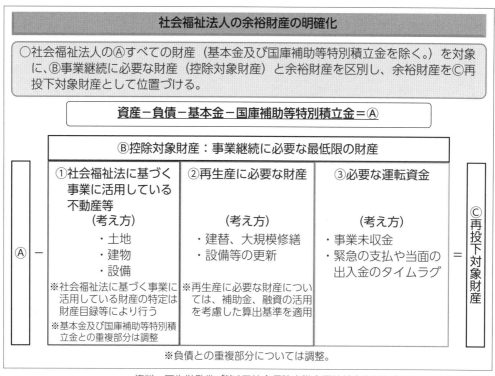

資料：厚生労働省「第6回社会保障審議会福祉部会資料」（平成26年10月16日）

換言すると次期繰越活動増減差額とその他の積立金の合計額、すなわち今次の社会福祉法人制度改革のきっかけとなった内部留保額である。

またⒷはさらに3つからなり、①社会福祉法に基づく事業に活用している不動産等、②再生産に必要な財産、③必要な運転資金である。

## （2）内部留保の運用形態と社会福祉充実残額
### ①社会福祉法人の内部留保批判への反論

社会福祉法人制度改革の発端のひとつとなった内部留保批判に対しては、いくつかの注目すべき反論がなされた。具体的には、下記のように内部留保として保持していたとしても合理的に説明ができる部分が存在することから、貸借対照表にある内部留保の全額について批判されることは当たらないというものだ。

ⅰ）社会福祉法人の内部留保とされた貸借対照表の純資産の部の「次期繰越活動増減差額」及び「その他の積立金」について、その同額の現預金が貸借対照表の借方の資産の部に必ずしも存在するものではないこと

ⅱ）また現預金として存在する部分があったとしても、建設物価の上昇や施設整備補助率の減少などに備えた施設再整備に向けて、法人の自主努力として準備すべき部分があることや、事業費に係る物価上昇に対応した当初準備運転資金を上回る資金の確保の必要性など、事業の永続的な運営のために必要とされる部

**図表6　内部留保により生じた資産の運用形態**

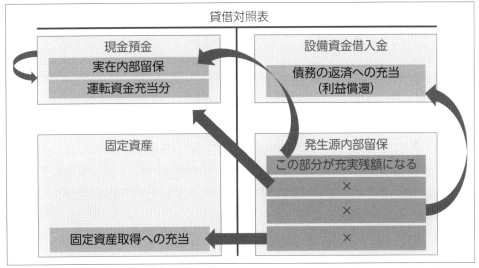

資料：筆者作成

分があること

　そこで問題となるのは、貸借対照表に計上されている内部留保のうち、どの程度の部分が施設の永続性や再生産等のために必要となる部分として、理論的に合理性をもって特定できるのかということである。
　今次の事務処理基準通知における充実残額は、このような考え方に基づいて、法人決算書に計上されているいわゆる内部留保（「活用可能な財産」）から計算を始めて、施設の再生産や永続的な運営に必要とされる額など事業継続のために必要最小限の財産である「控除対象財産」として差し引くことで求める形となっている。

②内部留保により生じた資産の運用形態
　充実残額の算定の基本的な考え方は、いわゆる内部留保から事業継続に必要な最低限の財産を控除して求めるとされている。
　内部留保は貸借対照表の貸方（右側）の純資産の部に計上された過去の利益（事業活動計算書の増減差額）の累積額である。
　この利益に対応した具体的な財産は、貸借対照表の借方（左側）のどこかに計上されている。利益が発生した段階では流動資産の現預金等という資金の形態をとっているが、その後時間の経過に伴ってさまざまなものに形を変えていく（**図表6**）。
　充実残額は法人の内部留保を活用して地域社会に再投下する額であることから、再投下する事業に活用できるという意味で、資金の形のままで残存しているものに限られる。したがって内部留保のうち、資金でないものに形を変えてしまっている部分を除く必要がある。
　このような考え方に基づいて算定式を求めていくと、実は今次の事務処理基準通

知に示された算定式と基本的にほぼ同じものになることが分かっている。

次項以降では、こうした内部留保額に係る調整計算の方法を見て、事務処理基準通知の算定式との比較検討、さらには同通知の算定式の問題点について見ていくこととする。

### (3) 再投下できない内部留保額の算定・調整

内部留保の元である損益計算（事業活動計算書）の増減差額によって形成された財産のうち、すでに資金以外の形態に変化し運用されている部分は、充実事業の財源として再投下できない状態になっている。したがって、再投下可能な財産を求めるためには、こうした資金以外の形になってしまった内部留保部分については控除し、調整しなければならない。

> ① 固定資産の取得に充当された内部留保
> ② 設備資金借入金元金返済に充当された内部留保
> ③ 運転資金に充当された内部留保

図表7 固定資産の取得にかつて充当された内部留保額の算定

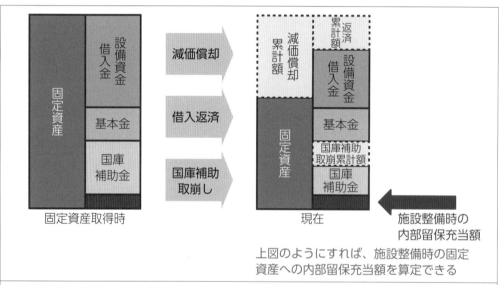

上図のようにすれば、施設整備時の固定資産への内部留保充当額を算定できる

施設整備時の内部留保充当額（固定資産取得に内部留保を充当した分）（上手の矢印の部分）
＝施設整備時の固定資産
　－施設整備時の設備資金借入金
　－第1号基本金
　－施設整備時の国庫補助金等特別積立金

＝（現在の固定資産＋現在までの減価償却累計額）
　－（現在の設備資金借入金＋現在までの設備資金借入金返済累計額）
　－第1号基本金
　－（現在の国庫補助金等特別積立金＋現在までの国庫補助金等特別積立金取崩額累計額）

資料：筆者作成

## ①固定資産取得に充当された内部留保額の算定

まず、固定資産の取得に充当された内部留保の部分の算定を見てみよう。

たとえば、内部留保で形成された現預金を用いて、法人が追加の施設整備を行った場合、当該現預金は固定資産に形を変える。ただし、このような固定資産取得の支出を行った場合、貸借対照表の借方の現預金が固定資産に形を変えるが、貸方にある内部留保の額に変動は生じない。よってこの部分は内部留保であったとしても、再投下できる現預金という形をとる財産ではないので、これを内部留保から除外する。

現存する施設を整備した当時の施設整備に係る資金計画において、法人が充当した内部留保に基づく現預金がいくらだったかを算定する方法を**図表7**に示す。

すなわち、施設整備時の内部留保充当額を求めるためには、固定資産取得時の固定資産額から取得時の設備資金借入金、基本金、国庫補助金等を控除すれば求められる。

ここで、固定資産取得時の固定資産額は、現在の当該固定資産の簿価と当該資産の減価償却累計額とを合計すれば求めることができるし、固定資産取得時の設備資金借入金も現在の借入金簿価残高にこれまでの返済済み額の累計を合計すれば求められる。このようにすれば、現在の貸借対照表の簿価から施設整備当時の内部留保充当額を求めることができるのである。

## ②設備資金借入金元金返済に充当された内部留保額の算定

### ⅰ）内部留保から借入金返済元金に充当した分を調整する理由

次に債務の返済へ充当された内部留保額の調整についてみてみよう。

内部留保で形成された現預金を用いて、設備資金借入金の返済元金に充てた場合、当該現預金は固定負債の減少のため費消される。ただし、設備資金借入金元金償還金の支出を行っても、借方の現預金が貸方の設備資金借入金とともに減少するだけで、内部留保の額に変動は生じない。言い換えると、借入金の元金返済に内部留保による資金を充てた部分は、貸方に内部留保の「残骸」だけが残り、借方には対応する資金はもはや存在しなくなる。従って、この部分を内部留保から除外する必要がある。

その計算のイメージを**図表8**に示す。現存する施設に係る設備資金借入金のこれまでの返済累計額のうち、内部留保で形成された資金を充てた部分を算定している。

### ⅱ）減価償却による資金の充当の留意点

この図表で注意すべき点としては、ここでの計算の前提として、減価償却費で形成された現預金はあくまで借入金返済のための資金繰り手段の1つとして扱っており、**図表8**の※にあるように返済を行っている期間中に限り計算に現れるものだという点である。

減価償却の期間（＝耐用年数）は建物で39〜47年であり、設備資金借入金の返

図表8　現存する施設に関する設備資金借入金元金償還金支出の累計額のうち内部留保が充当された部分の算定

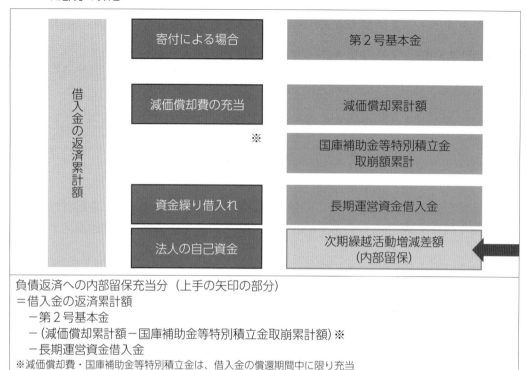

負債返済への内部留保充当分（上手の矢印の部分）
＝借入金の返済累計額
　　－第2号基本金
　　－（減価償却累計額－国庫補助金等特別積立金取崩累計額）※
　　－長期運営資金借入金
※減価償却費・国庫補助金等特別積立金は、借入金の償還期間中に限り充当

資料：筆者作成

済期間はせいぜい20～30年程度である。借入金の返済が完了した年以降の期間に生ずる減価償却で生成された資金については、償却資産に投下した資金の回収として、建替の原資として貸借対照表上は現預金に積み増され留保されていくべきものなのである（したがって、もし当初から無借金で施設整備を行った場合には、そもそも減価償却による資金の部分については充実残額の計算に含めてはならないということになる）。

　仮に、この限定を無視して設備資金借入金元金償還がない期間にも減価償却による資金の生成分を充実残額の計算に含め続けてしまうと、控除対象財産を圧縮する効果を持ち、結果として再投下対象財産を膨らます、すなわち減価償却を通じた建替のための資金までもが再投下財産のなかに混ぜ込まれてしまうという問題を生ずることとなるのである。実は厚生労働省が示した事務処理基準通知における計算式においては、この償還期間限定の制約を含めていないため、再整備のための回収資金までもが再投下財産として支出されることを余儀なくされてしまう形となっている問題がある（詳細は後述）。

③運転資金に充当された内部留保額の算定
　　内部留保は現に実施される事業の運転資金にも充当されている。
　　たとえば、かつては行政指導として法人設立の財産要件として、開設直後の運転

図表9　現存する施設に関する運転資金のうち内部留保が充当された分の算定

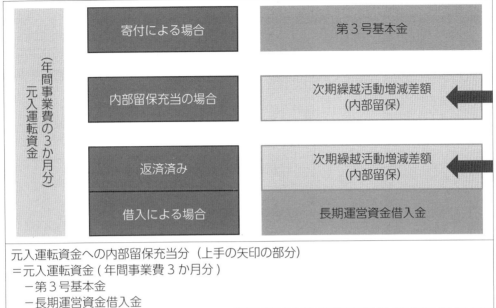

資料：筆者作成

資金として2～3か月分の現預金を寄付により準備することを求めていた。それらは、貸借対照表上では純資産の部の第3号基本金として計上されている。

しかしながら、法人設立後の物価上昇については、追加の寄付を求める行政指導は基本的にされない。結果として、当該物価上昇分については、法人の資金繰りのなかで対応されることとなり、そうした資金の源泉は法人の事業活動によって生み出されたもの、つまり内部留保による資金が充当される。

また、運転資金については、法人設立時の最初の施設について寄付による準備は求められるが、2か所目以降開設される施設については基本的に寄付による準備は求められない。したがって、2か所目以降の施設に係る運転資金についても、法人の資金繰りのなかで対応されることとなり、そうした資金の源泉は法人の事業活動によって生み出された増減差額、つまり内部留保による資金が充当される。

これらの点を踏まえて、現存する施設についての運転資金のうち、内部留保で形成された資金を充てた部分を算定する方法を図表9に示す。

## (4) 実在内部留保の算定

以上みてきたように、内部留保については過去利益の累積額で、利益発生時点では現預金等の支払い手段となる資産（資金）の形態をとっている。

しかしながら、法人設立後の時間の経過に伴って、利益によって形成された資金は固定資産の取得や設備資金借入金の返済等に充当され、資金でない形態になっていく部分が生じる。

充実事業の財源となる充実残額は、支払い可能な現預金の形態をとっている必要

図表10　発生源内部留保・実在内部留保・社会福祉充実残額

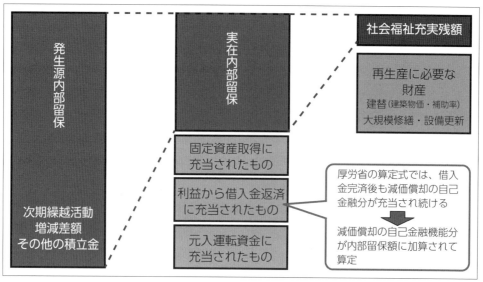

資料：筆者作成

図表11　実在内部留保の算定

```
実在内部留保
　　＝発生源内部留保額－固定資産取得充当分－設備資金借入金元金返済充当分－運転資金
　　　充当分

　　＝資産の部合計－負債の部合計－基本金－国庫補助金等特別積立金－(施設整備時固定
　　　資産取得額－施設整備時設備資金借入金－第1号基本金－施設整備時補助金)－{設備
　　　資金借入金返済累計額－第2号基本金－(減価償却累計額－国庫補助金等特別積立金
　　　取崩累計額) ※}－(年間事業費3か月分－第3号基本金－長期運営資金借入金)
　[※(減価償却累計額－国庫補助金等特別積立金取崩累計額)については、設備資金借入]
　[金の返済期間に係る分に限る（以下同様）　　　　　　　　　　　　　　　　　　　]

　　＝次期繰越活動増減差額＋その他の積立金－{(固定資産＋減価償却累計額)－(設備資金
　　　借入金＋設備資金借入金返済累計)－第1号基本金－(国庫補助金等特別積立金＋国庫
　　　補助金等特別積立金取崩額累計額)}－{設備資金借入金返済累計額－第2号基本金－
　　　(減価償却累計額－国庫補助金等特別積立金取崩累計額) ※}－(年間事業費3か月
　　　分－第3号基本金－長期運営資金借入金)

　　＝純資産の部合計
　　　＋(設備資金借入金＋長期運営資金借入金)　　…Ⓐ※
　　　－固定資産－年間事業費3か月分
```

資料：筆者作成

があることから、過去発生した内部留保額の累計額（これを「発生源内部留保」という）のなかから、支払い手段ではなくなった部分を調整し、現預金の形で存在しているとみられる内部留保の部分を特定する。本書ではこれを「実在内部留保」という（**図表10**）。

　これまで見てきた発生源内部留保のうち、資金でなくなったものの調整式を実在内部留保額の算定式に代入して整理すると、**図表11**のⒶ式のようになる。実は、

このⒶ式は後述するように、厚生労働省から出された事務処理基準通知での算定式からもほぼ同様のものが導けることが分かっている。つまり、厚生労働省の算定式は一定の会計学的な妥当性をもつものだと考えられる（前述した減価償却の充当期間の限定問題を除く）。

## (5) 再生産に必要な財産

　前項まででは、発生源内部留保から資金の形態を取っていない内部留保部分を控除し、資金的な対応のある内部留保としての実在内部留保を求めてきたが、充実事業に再投下が可能な余裕財産を算定するためには、この実在内部留保をすべて充ててしまうことはできない。法人・施設の永続性を確保するための必要最小限保持すべき利益が、まだこの実在内部留保のなかに含まれていると考えられるからだ。結論から述べれば、建設工事費単価の上昇分や施設整備補助の補助率の減少、その他運営上のリスクバッファとすべき留保などが考えられる。

　施設の老朽化による建替は、法人・施設の永続性における大きな経営リスクであり、多くの法人もそのために日頃から内部留保として、その準備を進めている。

　しかし、仮に建設工事費単価も、補助率も、その他の資金調達も、当初の施設整備時のものとまったく同様のものが建替時に利用可能だということが保障されるのであれば、減価償却による投下資金回収メカニズムによって、この間の事業運営上の利益を留保しなくても、同様の建築物の建替は理論上可能となる。

　しかしこの投下資金回収メカニズムでは、建設工事費単価の上昇分や施設整備補助率の低減分については、将来の建替時点で資金が不足することが予想される。また、建替までの間に生ずる大規模修繕や設備更新、将来の建替時点における既存建物の解体撤去費用や仮園舎の設置費用など、現実には利益ゼロで追加的な資金準備もないまま建替を迎えることはできない。

　前項までの内部留保の各種支出への充当・調整計算については、基本的に過去の確定した事実に基づいて算定されるものであることから、理論上の算定式のブレはあまり想定されない。

　しかし、将来の建替時点がいつになるか、またその時点での建設工事費単価はかつての単価からどの程度上昇しているのか、補助率はどの程度を見込めるのか、これらは確定した事実ではないことから、将来の見通しとして一定の仮定計算によらざるを得ない。この見通しの立て方には、いろいろな考え方が存在しうることとなり、算定する者の恣意性が介在してしまう余地が生ずる。このようなことから、公費を用いる法人に相応しい統一的な算定ルールを設定し、適正な説明責任を果たしていこうとしたのが、今次の事務処理基準通知であるといえよう。

　逆にいえば、法人ごとの固有の事情を必ずしも斟酌できないルールとなっていることから、本来留保しておかなければならないような財産を確保できないといったケースも生じうるのである（詳細は後述）。

# 3. 事務処理基準通知における社会福祉充実残額の算定式

## （1）事務処理基準通知における社会福祉充実残額の算定式

　　充実残額の具体的な算定式は、事務処理基準通知において**図表12**のとおり定められている。

## （2）事務処理基準通知における算定方法の詳細について

　　次に、厚生労働省が発出した事務処理基準通知に定められた充実残額の算定式の詳細を見てみることとする。

　　同通知によると充実残額は、「活用可能な財産」から「控除対象財産」を控除して求めることとされ、「控除対象財産」については、「社会福祉法に基づく事業に活用している不動産等」と「再取得に必要な財産」、「必要な運転資金」を含むものとされている（**図表13**）。

　　この算定方法を前提とすると、仮に「控除対象財産」を恣意的に大きく計上して

**図表12　事務処理基準通知における社会福祉充実残額の算定式**

（計算式）
社会福祉充実残額＝①「活用可能な財産」−（②「社会福祉法に基づく事業に活用している不動産等」＋③「再取得に必要な財産」＋④「必要な運転資金」）

①活用可能な財産＝資産−負債−資本金−国庫補助等特別積立金

②「社会福祉法に基づく事業に活用している不動産等」＝財産目録により特定した事業対象不動産等に係る貸借対照表価額の合計額○円−対応基本金○円−国庫補助金等特別積立金○円−対応負債○円

③「再取得に必要な財産」＝
【ア　将来の建替に必要な費用】
　（建物に係る減価償却累計額○円×建設単価等上昇率）×一般的な自己資金比率（%）
【イ　建替までの間の大規模修繕に必要な費用】
　＋（建物に係る減価償却累計額○円×一般的な大規模修繕費用割合（%））−過去の大規模修繕に係る実績額○円
（注1）過去の大規模修繕に係る実績額が不明な法人の特例（（5）の⑤参照。）
【ウ　設備・車両等の更新に必要な費用】
　＋減価償却の対象となる建物以外の固定資産（②において財産目録で特定したものに限る。）に係る減価償却累計額の合計額○円

④「必要な運転資金」＝年間事業活動支出の3月分○円
（注2）主として施設・事業所の経営を目的としていない法人等の特例（（7）参照。）

資料：事務処理基準通知

**図表13　社会福祉充実残額の算定**

社会福祉充実残額＝①「活用可能な財産」−（②「社会福祉法に基づく事業に活用している不動産等」＋③「再取得に必要な財産」＋④「必要な運転資金」）

資料：事務処理基準通知

**図表14　控除対象財産の考え方**

| |
|---|
| 「控除対象財産」は、事業継続に最低限必要な財産を明確化する観点から、法人が現に社会福祉事業や公益事業、収益事業（以下「社会福祉事業等」という。）に活用している不動産等や、建替え・設備更新の際に必要となる自己資金、運転資金に限定する。 |

資料：事務処理基準通知

**図表15　「活用可能な財産」の算定**

「活用可能な財産」は、法人単位の貸借対照表から、次の通り算定すること。

| 資産の部 | 当年度末 | 前年度末 | 増減 | 負債の部 | 当年度末 | 前年度末 | 増減 |
|---|---|---|---|---|---|---|---|
| 流動資産 | | | | 流動負債 | | | |
| 現金預金<br>有価証券<br>事業未収金<br>・・・<br>1年以内回収予定長期貸付金<br>短期貸付金<br>仮払金<br>その他の流動資産<br>徴収不能引当金 | | | | 短期運営資金借入金<br>事業未払金<br>その他の未払金<br>・・・<br>1年以内返済予定設備資金<br>　借入金<br>未払費用<br>預り金<br>職員預り金<br>前受金<br>前受収益<br>仮払金<br>賞与引当金<br>その他の流動負債 | | | |
| 固定資産 | | | | 固定負債 | | | |
| 基本財産 | | | | 設備資金借入金<br>長期運営資金借入金<br>リース債務<br>・・・<br>その他の固定資産 | | | |
| 土地<br>建物<br>定期預金 | | | | | | | |
| その他の固定負債 | | | | 負債の部合計 | Ⓑ | | |
| 土地<br>建物<br>構築物<br>機械及び装置<br>・・・<br>長期前払費用<br>その他の固定資産 | | | | 純資産の部 | | | |
| | | | | 基本金<br>国庫補助金等特別積立金<br>その他の積立金<br>　○○積立金<br>次期繰越活動増減差額<br>（うち当期活動増減差額） | Ⓒ<br>Ⓓ | | |
| | | | | 純資産の部合計 | | | |
| 資産の部合計 | Ⓐ | | | 負債及び純資産の部合計 | | | |

※「活用可能な財産」＝Ⓐ－Ⓑ－Ⓒ－Ⓓ

　なお、この計算の結果が0以下となる場合については、社会福祉充実残額が生じないことが明らかであることから、以降の計算は不要であること。

資料：事務処理基準通知

しまえば、充実残額は少なく見積もられてしまうこととなるため、社会福祉法人制度改革のきっかけとなった内部留保批判への適正な説明責任の遂行という点では不十分なものとなってしまう。

　そこで、今次の社会福祉法人制度改革では、「活用可能な財産」や「控除対象財産」について統一的な算定基準を設け、算定の恣意性を排し、社会福祉法人の内部留保批判に対する適切な説明責任を果たしていこうとしている（**図表14**）。

## ①活用可能な財産の算定（法第55条の2第1項第1号及び規則第6条の14第1項第1号関係）

　充実残額算定のスタートとなるのは「活用可能な財産」であり、法人単位の貸借対照表（第三号第一様式）の「資産の部合計」の額から「負債の部合計」、「基本金」、「国庫補助金等特別積立金」の額を控除したものとなる。

　これは言い換えると「その他の積立金」と「次期繰越活動増減差額」の合計額、すなわち前項までで見てきた発生源内部留保額ということができる。

　▶根拠条文：法第55条の2第1項第1号、事務処理基準通知3（3）

## ②社会福祉法に基づく事業に活用している不動産等の算定（規則第6条の14第1項第1号関係）

　ⅰ）社会福祉法に基づく事業

　社会福祉法に基づく事業とは、社会福祉法において社会福祉法人が実施できる事業であり、社会福祉事業、公益事業、収益事業のすべてが該当する。通知ではこれら3つの事業を総称して「社会福祉事業等」とされている。

　ⅱ）控除対象となるもの

　「社会福祉法に基づく事業に活用している不動産等」として控除対象となる財産

**図表16　「社会福祉法に基づく事業に活用している不動産等」の算定**

(4)　「社会福祉法に基づく事業に活用している不動産等」の算定（規則第6条の14第1項第1号関係）

①基本的な考え方

　「社会福祉法に基づく事業に活用している不動産等」として控除対象となる財産は、法人が現に実施する社会福祉事業等に、直接又は間接的に供与されている財産であって、当該財産がなければ事業の実施に直ちに影響を及ぼし得るものとする。

　一方、法人が実施する社会福祉事業等の実施に直ちに影響を及ぼさない財産については、控除対象とはならない。

②対応基本金及び国庫補助金等特別積立金の調整

　控除対象財産の財源について、基本金及び国庫補助金等特別積立金により賄われている場合には、「活用可能な財産」の算定時に既に基本金及び国庫補助金等特別積立金を控除していることから、二重の控除を排除するため、当該控除対象財産額から差し引く調整を行うこと。

　なお、対応基本金については、「社会福祉法人会計基準の制定に伴う会計処理等に関する運用上の取扱いについて」（平成28年3月31日付け雇児発0331第15号、社援発0331第39号、老発0331第45号。以下「運用取扱通知」という。）の別紙3（⑥）の基本金明細書に記載される第1号基本金及び第2号基本金に係る当期末残高の合計額とすること。

資料：事務処理基準通知

は、法人が現に実施する社会福祉事業等に、直接または間接的に供与されている財産であって、当該財産がなければ事業の実施に直ちに影響を及ぼしうるものとされている。

　不動産等として控除対象となるものについては、原則として財産目録に記載される財産ごとに控除対象の判定が行われる（**図表17**）。

　また、控除対象となる具体的な金額については、財産目録に記載のある額を基準に、前頁（2）の①活用可能な財産において基本金や国庫補助金等特別積立金、設備資金借入金等が控除されたものであることから、控除対象財産についても同様の調整を行うこととされている。

　見方を変えると、先述のとおり、活用可能な財産がいわゆる内部留保の額であることと併せて考えると、この事業の用に供されている不動産等とは、前節の「**2. 社会福祉充実残額の算定の考え方**」における「固定資産の取得に充当された内部留保額」に相当する。

---

【算定式】
「社会福祉法に基づく事業に活用している不動産等の額」
　＝控除対象となる資産－対応基本金－対応国庫補助金等特別積立金－対応負債

---

　▶根拠条文：法第55条の2第1項第2号、規則第6条の14第1項第1号、同条第2項、事務処理基準通知3（4）

## ③再取得に必要な財産の算定 （規則第6条の14第1項第2号関係）

### ⅰ）基本的な考え方

### ア）建替は社会福祉法人における大きな経営リスク

　老朽化した建物の更新は、社会福祉法人の永続的な運営の上では大きなリスク要因であり、多くの社会福祉法人・施設では、将来の更新投資に向けて毎年度損益余剰の一定程度を留保したり、積立金として計上したりしている。

### イ）正味減価償却費による投下資金回収

　一方、減価償却を含む損益計算を基礎とする現在の社会福祉法人の会計制度を前提とすると、減価償却の自己金融機能（減価償却費という資金の流出を伴わないコストの計上を通じて、当該分だけ資金が法人内に留保されること）によって、建替に要する資金の一部が回収される。ただし、減価償却と対応して処理される国庫補助金等特別積立金取崩が資金流入のない収益（費用のマイナス）であることから、実際に回収される資金（自己金融機能を持つ部分）は、減価償却費から国庫補助金等特別積立金取崩額を差し引いた正味の減価償却費に相当する額だけである。さらに借入金の元金返済に対しては、減価償却で回収された資金を充当すると考えれば、返済に充当された分だけ回収資金が少なくなっている。

**図表17　控除対象の判別**

| | | ＜資産の部＞ | 控除対象の判別 | 理由・留意事項等 |
|---|---|---|---|---|
| 大区分 | 中区分 | 勘定科目の説明 | | |
| 流動資産 | 現金預金 | 現金（硬貨、小切手、紙幣、郵便為替証書、郵便振替貯金払出証書、官公庁の支払通知書等）及び預貯金（当座預金、普通預金、定期預金、郵便貯金、金銭信託等）をいう。 | ― | 最終的に使途目的が不明確な財産となることから控除対象とはならない。 |
| | 有価証券 | 国債、地方債、株式、社債、証券投資信託の受益証券などのうち時価の変動により利益を得ることを目的とする有価証券をいう。 | ― | |
| | 事業未収金 | 事業収益に対する未収入金をいう。 | ― | |
| | 未収金 | 事業収益以外の収益に対する未収入金をいう。 | ― | |
| | 未収補助金 | 施設整備、設備整備及び事業に係る補助金等の未収額をいう。 | ◎ | 社会福祉事業等の用に供されることが明らかに見込まれることから、控除対象となる。 |
| | 未収収益 | 一定の契約に従い、継続して役務の提供を行う場合、すでに提供した役務に対していまだその対価の支払を受けていないものをいう。 | ― | 最終的に使途目的が不明確な財産となることから控除対象とはならない。 |
| | 受取手形 | 事業の取引先との通常の取引に基づいて発生した手形債権（金融手形を除く）をいう。 | ― | |
| | 貯蔵品 | 消耗品等で未使用の物品をいう。業種の特性に応じ小区分を設けることができる。 | ○ | 社会福祉事業等の用に供されるものに限り、控除対象となる。 |
| | 医薬品 | 医薬品の棚卸高をいう。 | ◎ | 社会福祉事業等の用に供されることが明らかに見込まれることから、控除対象となる。 |
| | 診療・療養費等材料 | 診療・療養費等材料の棚卸高をいう。 | ◎ | |
| | 給食用材料 | 給食用材料の棚卸高をいう。 | ◎ | |
| | 商品・製品 | 売買又は製造する物品の販売を目的として所有するものをいう。 | ◎ | |
| | 仕掛品 | 製品製造又は受託加工のために現に仕掛中のものをいう。 | ◎ | |
| | 原材料 | 製品製造又は受託加工の目的で消費される物品で、消費されていないものをいう。 | ◎ | |
| | 立替金 | 一時的に立替払いをした場合の債権額をいう。 | ― | 最終的に使途目的が不明確な財産となることから控除対象とはならない。 |
| | 前払金 | 物品等の購入代金及び役務提供の対価の一部又は全部の前払額をいう。 | ○ | 社会福祉事業等の用に供されるものに限り、控除対象となる。 |
| | 前払費用 | 一定の契約に従い、継続して役務の提供を受ける場合、いまだ提供されていない役務に対し支払われた対価をいう。 | ◎ | 費用化されるため、控除対象となる。 |

| | | | | |
|---|---|---|---|---|
| 流動資産 | 1年以内回収予定長期貸付金 | 長期貸付金のうち貸借対照表日の翌日から起算して1年以内に入金の期限が到来するものをいう。 | ◎ | 社会福祉事業等の用に供されることが明らかに見込まれることから、控除対象となる。 |
| | 1年以内回収予定事業区分間長期貸付金 | 事業区分間長期貸付金のうち貸借対照表日の翌日から起算して1年以内に入金の期限が到来するものをいう。 | | 法人全体の貸借対照表には計上されない。 |
| | 1年以内回収予定拠点区分間長期貸付金 | 拠点区分間長期貸付金のうち貸借対照表日の翌日から起算して1年以内に入金の期限が到来するものをいう。 | | |
| | 短期貸付金 | 生計困窮者に対して無利子または低利で資金を融通する事業、法人が職員の質の向上や福利厚生の一環として行う奨学金貸付等、貸借対照表日の翌日から起算して1年以内に入金の期限が到来するものをいう。 | ◎ | 社会福祉事業等の用に供されることが明らかに見込まれることから、控除対象となる。 |
| | 事業区分間貸付金 | 他の事業区分への貸付額で、貸借対照表日の翌日から起算して1年以内に入金の期限が到来するものをいう。 | | 法人全体の貸借対照表には計上されない。 |
| | 拠点区分間貸付金 | 同一事業区分内における他の拠点区分への貸付額で、貸借対照表日の翌日から起算して1年以内に入金の期限が到来するものをいう。 | | |
| | 仮払金 | 処理すべき科目又は金額が確定しない場合の支出額を一時的に処理する科目をいう。 | ○ | 社会福祉事業等の用に供されるものに限り、控除対象となる。 |
| | その他の流動資産 | 上記に属さない債権等であって、貸借対照表日の翌日から起算して1年以内に入金の期限が到来するものをいう。ただし、金額の大きいものについては独立の勘定科目を設けて処理することが望ましい。 | ○ | |
| | 徴収不能引当金 | 未収金や受取手形について回収不能額を見積もったときの引当金をいう。 | | 資産から控除済。 |
| 固定資産（基本財産） | 土地 | 基本財産に帰属する土地をいう。 | ◎ | 社会福祉事業等の用に供されることが明らかに見込まれることから、控除対象となる。 |
| | 建物 | 基本財産に帰属する建物及び建物付属設備をいう。 | ◎ | |
| | 定期預金 | 定款等に定められた基本財産として保有する定期預金をいう。 | ○ | 法人設立の時に必要とされたものに限り、控除対象となる。（注1） |
| | 投資有価証券 | 定款等に定められた基本財産として保有する有価証券をいう。 | ○ | |
| | 土地 | 基本財産以外に帰属する土地をいう。 | ○ | 社会福祉事業等の用に供されるものに限り、控除対象となる。（注2） |
| | 建物 | 基本財産以外に帰属する建物及び建物付属設備をいう。 | ○ | |

| | 科目 | 説明 | 控除 | 備考 |
|---|---|---|---|---|
| 固定資産（その他の固定資産） | 構築物 | 建物以外の土地に固着している建造物をいう。 | ○ | 社会福祉事業等の用に供されるものに限り、控除対象となる。 |
| | 機械及び装置 | 機械及び装置をいう。 | ○ | |
| | 車輌運搬具 | 送迎用バス、乗用車、入浴車等をいう。 | ○ | |
| | 器具及び備品 | 器具及び備品をいう。 | ○ | |
| | 建設仮勘定 | 有形固定資産の建設、拡張、改造などの工事が完了し稼働するまでに発生する請負前渡金、建設用材料部品の買入代金等をいう。 | ◎ | 社会福祉事業等の用に供されることが明らかに見込まれることから、控除対象となる。 |
| | 有形リース資産 | 有形固定資産のうちリースに係る資産をいう。 | ○ | 社会福祉事業等の用に供されるものに限り、控除対象となる。 |
| | 権利 | 法律上又は契約上の権利をいう。 | ○ | |
| | ソフトウェア | コンピュータソフトウェアに係る費用で、外部から購入した場合の取得に要する費用ないしは制作費用のうち研究開発費に該当しないものをいう。 | ○ | |
| | 無形リース資産 | 無形固定資産のうちリースに係る資産をいう。 | ○ | |
| | 投資有価証券 | 長期的に所有する有価証券で基本財産に属さないものをいう。 | ― | 最終的に使途目的が不明確な財産となることから控除対象とはならない。 |
| | 長期貸付金 | 生計困窮者に対して無利子または低利で資金を融通する事業、法人が職員の質の向上や福利厚生の一環として行う奨学金貸付等、貸借対照表日の翌日から起算して入金の期限が1年を超えて到来するものをいう。 | ◎ | 社会福祉事業等の用に供されることが明らかに見込まれることから、控除対象となる。 |
| | 事業区分間長期貸付金 | 他の事業区分への貸付金で貸借対照表日の翌日から起算して入金の期限が1年を超えて到来するものをいう。 | | 法人全体の貸借対照表には計上されない。 |
| | 拠点区分間長期貸付金 | 同一事業区分内における他の拠点区分への貸付金で貸借対照表日の翌日から起算して入金の期限が1年を超えて到来するものをいう。 | | |
| | 退職給付引当資産 | 退職金の支払に充てるために退職給付引当金に対応して積み立てた現金預金等をいう。 | | 負債から控除済。 |
| | 長期預り金積立資産 | 長期預り金（注：ケアハウス等における入居者からの管理費等）に対応して積み立てた現金預金等をいう。 | | |

| | | | | |
|---|---|---|---|---|
| 固定資産（その他の固定資産） | ○○積立資産 | 将来における特定の目的のために積立てた現金預金等をいう。なお、積立資産の目的を示す名称を付した科目で記載する。 | ― | 使途目的の定めのない財産であることから控除対象とはならない。（注3）ただし、障害者総合支援法に基づく就労支援事業による工賃変動積立金については、この限りではない。 |
| | 差入保証金 | 賃貸用不動産に入居する際に賃貸人に差し入れる保証金をいう。 | ◎ | 社会福祉事業等の用に供されることが明らかに見込まれることから、控除対象となる。 |
| | 長期前払費用 | 時の経過に依存する継続的な役務の享受取引に対する前払分で貸借対照表日の翌日から起算して1年を超えて費用化される未経過分の金額をいう。 | ◎ | 費用化されるため、控除対象となる。 |
| | その他の固定資産 | 上記に属さない債権等であって、貸借対照表日の翌日から起算して入金の期限が1年を超えて到来するものをいう。ただし、金額の大きいものについては独立の勘定科目を設けて処理することが望ましい。 | ○ | 社会福祉事業等の用に供されるものに限り、控除対象となる。 |

注1 基本財産のうち、土地・建物を除く定期預金及び投資有価証券については、法人設立時に必要とされた基本財産（社会福祉施設等を経営する法人にあっては、100万円又は1,000万円、社会福祉施設等を経営しない法人にあっては、1億円又は所轄庁が認めた額など、「社会福祉法人の認可について」（平成12年12月1日付け障発第890号、社援発第2618号、老発第794号、児発第908号。）等に基づき必要とされた額に限る。）の範囲内で控除対象となる。

注2 現に社会福祉事業等に活用していない土地・建物については、原則として控除対象とはならないが、社会福祉充実残額の算定を行う会計年度の翌会計年度に、具体的な活用方策が明らかな場合（翌会計年度中に社会福祉事業等に活用する建物の建設に着工する場合であって、事業開始は翌々会計年度以降となるような場合を含む。）については、この限りではない。

　なお、土地・建物を翌々会計年度以降に活用する場合にあっては、社会福祉充実計画において、具体的な活用方策を記載することにより、当該土地・建物を保有し、活用することが可能である。

注3 国や自治体からの補助を受け、又は寄付者等の第三者から使途・目的が明確に特定されている寄付等の拠出を受け、設置された積立資産等については、控除対象となる。

注4 損害保険金又は賠償金を受け、これを原資として建物等の現状復旧を行うための財産については、当該保険金又は賠償金の範囲で控除対象となる。

資料：事務処理基準通知

　このように考えると、最終的に現在保有している償却資産が耐用年数を迎える時点で、どの程度の資金が回収されるのかといえば、当該資産を整備した際の財源に充てた寄付金（基本金）と法人の自己資金に相当する額となるのである。

### ウ）建設物価上昇や補助率の減少分は合理的な内部留保

　社会福祉施設の建物の耐用年数は、39年〜47年と非常に長い期間である。当然現時点で耐用年数を迎えたような老朽施設については、その施設を整備した当時の建設価格では再整備できない。建設物価が上昇しているからである。

**図表18　対応負債の調整**

③対応負債の調整

　控除対象財産の財源について、借入金（負債）により賄われている場合には、「活用可能な財産」の算定時に既に負債全額を控除していることから、二重の控除を排除するため、当該控除対象財産額から負債分を差し引く調整を行うこと。

　具体的な調整方法については、貸借対照表における次の①から④までの科目の合計額（控除対象財産に明らかに対応しない負債は除く。）を、「社会福祉法に基づく事業に活用している不動産等」の合計額から差し引くこと。

| 負債の部 | |
|---|---|
| 大科目 | 中科目 |
| 流動負債 | 短期運営資金借入金<br>事業未払金<br>その他の未払金<br>支払手形<br>役員等短期借入金<br>①１年以内返済予定設備資金借入金<br>１年以内返済予定長期運営資金借入金<br>②１年以内返済予定リース債務<br>１年以内返済予定役員等長期借入金<br>１年以内返済予定事業区分間長期借入金<br>１年以内返済予定拠点区分間長期借入金<br>１年以内支払予定長期未払金<br>未払費用<br>預り金<br>職員預り金<br>前受金<br>前受収益<br>事業区分間借入金<br>拠点区分間借入金<br>仮受金<br>賞与引当金<br>その他の流動負債 |
| 固定負債 | ③設備資金借入金<br>長期運営資金借入金<br>④リース債務<br>役員等長期借入金<br>事業区分間長期借入金<br>拠点区分間長期借入金<br>退職給付引当金<br>長期未払金<br>長期預り金<br>その他の固定負債 |

※　「対応負債」＝①＋②＋③＋④

資料：事務処理基準通知

**図表19　「社会福祉法に基づく事業に活用している不動産等」の算定の特例**

④　対応基本金等の調整の結果、「社会福祉法に基づく事業に活用している不動産等」の額が0未満となる場合の取扱い
　　②（対応基本金及び国庫補助金等特別積立金の調整）及び③（対応負債の調整）の調整の結果が0未満となる場合については、当該調整結果にかかわらず、「社会福祉法に基づく事業に活用している不動産等」の額を0とすること。

資料：事務処理基準通知（一部加筆）

**図表20　再取得に必要な財産の基本的な考え方**

(5)「再取得に必要な財産」の算定（規則第6条の14第1項第2号関係）
①基本的な考え方
　　社会福祉施設等の「再取得に必要な財産」については、現に事業に活用している建物・設備等と同等のものを将来的に更新することを前提としつつ、建物については、建設当時からの建設資材や労務費の変動等を考慮した建設単価等上昇率を勘案した上で必要額を控除する。
　　また、建替費用は、補助金、借入金、自己資金（寄付金を含む。以下同じ。）により構成されるが、当該自己資金相当額については、基本的には、毎会計年度計上される減価償却費相当額が財源となることが想定される。
　　このため、建物の建替に必要な財産の算定に当たっては、直近の補助金や借入金の水準を勘案した一般的な自己資金比率を設定し、これに減価償却累計額を乗じて得た額を基本とする。
　　また、当該財産は、建物の経過年数に応じて必要な財産額を算定する必要があるため、独立した建物単位で算定し、これらを法人全体で合算するものとする。

資料：事務処理基準通知

　また、過去の施設整備補助金の補助率より現在の方が低くなっている可能性もある。したがって、減価償却を通じて当初投下した資金に相当する額を回収するだけでは再整備には不十分だということになる。
　この不足部分については、法人の経営の自主的な努力で準備することについては、合理的な説明ができる部分であり、内部留保としても再生産のために必要な額として見込むことが容認される。

### ⅱ）事務処理基準通知における「再取得に必要な財産」の算定

　現在、現に存在する社会福祉施設は、建てて間もないのものから耐用年数を超える老朽化が進んだものまで多様である。またひとつの法人が有する施設についても、必ずしも1か所の施設しか所有していないというものでもない。したがって、それら多様な対象に対して合理的に現時点の額として見込む方法として、事務処理基準通知では、法人が有する独立した建物単位で算定するとされた。
　算定方法は、減価償却累計額を起点に、現時点での一般的な施設整備の資金計画から得られた「一般的な自己資金比率」や建設物価の上昇状況を「建設工事費デフレーター」等を使って算定することとされた。

### ⅲ）将来の建替に必要な費用の算定式

　上記の考え方に基づき、再取得のために必要な財産のうち、将来の建替に必要な費用の額の算定については、次頁の計算式によることとなる。

**図表21 「将来の建替に必要な費用」算定のイメージ**

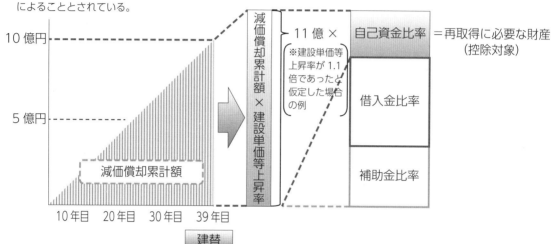

資料：厚生労働省「社会福祉法人制度改革の施行に向けた全国担当者説明会」（平成28年11月28日）

**図表22 一般的な自己資金比率**

④一般的な自己資金比率について
　一般的な自己資金比率については、別に定める割合を乗じて算定すること。
　ただし、現に社会福祉事業等に活用している建物について、建設時における自己資金比率が一般的な自己資金比率を上回る場合には、次の計算式により得た割合とすることができること。

（計算式）
　当該建物の建設に係る自己資金額÷当該建物の建設時の取得価額
　（小数点第4位を四捨五入すること。）

　また、既存建物を取得した場合については、当該建物の取得時における自己資金比率が、一般的な自己資金比率以下である場合にあっては一般的な自己資金比率と、一般的な自己資金比率を上回る場合にあっては当該建物の取得時における自己資金比率とすることができること。

資料：別に定める単価等通知

　この式において減価償却累計額とは、充実残額を算定する各会計年度末現在に既に計上された減価償却費の累計額である（耐用年数到来時の額ではない）。

（建物に係る減価償却累計額×建設単価等上昇率）×一般的な自己資金比率

### ア）一般的な自己資金比率

将来の建替に必要な費用の算定式で使われる一般的な自己資金比率については、別に定める単価等通知において22%とされた。ここでいう自己資金とは、寄付金を含み、借入金及び補助金を除くものとされている。

ただし、社会福祉事業等に活用している建物について、過去のその建物の整備時の自己資金比率が一般的な自己資金比率（22%）を上回っている場合は、施設整備当時の自己資金比率を用いることができるとされた。

これらの算定上の取扱いをもう少し具体的に見てみたい。社会福祉施設等の整備には一般に多くの公費（施設整備補助金等）が使われているが、平成17〜18年度に行財政改革の一環として行われた補助金の整理合理化によって、社会福祉施設整備費補助金の対象が絞られ、一部は交付金になり補助率も大幅に引き下げられた。それ以前の時代では施設整備量の確保を優先するため、地方公共団体等によっては施設整備について国庫補助金に上乗せした地方単独補助がされ、施設整備において自己資金がほとんどなくても（＝自己資金比率がゼロに近くても）施設整備ができた時代があった。

これらの補助率が高かった時代に整備された施設は、減価償却費と国庫補助金等特別積立金取崩額とがほぼ同額になり、先に述べた減価償却の自己金融機能において正味減価償却費として回収される資金がほとんどないようなケースも存在した。しかしながら、かつて高率の補助を受けたそうした施設においても、再整備時点ではかつての補助率を確保することは事実上ほとんど不可能と考えられている。このため、少なくとも現時点での施設整備における資金の構成割合（補助・寄付・借入・法人の自己資金）を前提に試算することが現実的だという想定のもと、今次の算定式が設定されることになった。したがって、過去の施設整備時点で仮に自己資金をほとんど使わずに（自己資金比率がほとんどゼロで）整備した建物も、再整備では一般の22%まで引き上げて内部留保から差し引くことを認めたものである。

他方、過去においてもほとんど公費等の補助や借入れを行わず、法人の自己資金だけで整備したような施設においては、減価償却の自己金融機能を通じて回収されている資金が22%の自己資金割合よりも大きいことから、実際の自己資金比率を別途算定して控除対象財産とすることができることとされた。

▶根拠条文：事務処理基準通知3（5）①②④

### イ）建設単価上昇率

#### ＜建設工事費単価の算定＞

将来の建替に必要な費用の算定式で使われる建設物価上昇率については、国土交通省が公表する建設工事費デフレーターによる上昇率、または各法人の現施設の整備当時の実際の建設単価と別に定める1m²あたりの建設等単価（現在の一般的な建設単価）とを比較して求めた上昇率のいずれか高い割合を用いることとされた。

＜建設工事費デフレーターによる上昇率＞

　ここでいう「建設工事費デフレーターによる上昇率」とは、社会福祉法人制度改革の本格施行後、最初の充実残額の算定作業となった平成28会計年度を基準年度として、別に定める単価等通知の別表で「2015年と比較した伸び率」という欄の数値を用いればできるようになっている。

　なお、平成29会計年度以降を基準年度とした充実残額の算定作業をする場合、この表をそのまま使うことは基本的にはできない。なぜなら、毎年度国土交通省から最新の建設工事費デフレーターが追加公表されるからである。別に定める単価等通知の別表が発出された段階では2015年度以降のデフレーター値が公表されていなかったため、表中では「2015年度以降」の欄でひとくくりとなっているが、通常は毎年度更新されたデフレーターが作成されていく。平成29年度に発出された通知の別表の表頭にある「2015年度と比較した伸び率」についても、翌年度（平成30年度）の時点では「2016年度と比較した伸び率」、平成31年度では「2017年度と比較した伸び率」といった具合に毎年度伸び率の基準となる年度が1年度ずつ更新されていくこととなる。

　このため、各法人において充実残額の算定において「再取得に必要な財産の額」を求める際に用いる「別に通知する建設工事費デフレーターによる上昇率」は、基本的に毎年度変えていく必要があり、別に定める単価等通知も基本的に毎年度改定されることとなる。誤って過去の通知の別表を用いることのないよう注意が必要である。

　参考までに、この別に定める単価等通知の別表の見方及び算定の方法については、**図表17（別表）**のとおりである。算定に使用するデータは、国土交通省の建設統計年報から「建設工事費デフレーター（建設総合指数）」の直近年次の数値を過去の各年度の値で除して得た数値が「○○年度と比較した伸び率」となる。

　平成29年1月24日付けの別に定める単価等通知の別表に示された建設工事費デフレーターは2005年を「基準年度100」とした指数である。基本的にデフレーターの基準年度は5年ごとに基準年次が改訂されており、直近では別に定める単価等通知が発出された時点（2017年1月24日）以降、2017年9月29日に新たに2011年度基準のデフレーターが国土交通省から公表されている。

　▶根拠条文：事務処理基準通知3（5）③、別に定める単価等通知別表


## iv）建替までの間の大規模修繕に必要な費用の算定
### ア）修繕・更新の考え方

　社会福祉施設の安定運営にとっては、修繕や設備更新等は大きな経営リスクとなり得る。修繕・設備更新のために支出した資金については、会計的には投資した時点で資産計上し、後年度に減価償却を通じて費用化していくこととなり、資金的にも減価償却の自己金融機能を通じて回収されていく。したがって、修繕・更新に際しては何らかの資金調達手段さえあれば、必ずしも内部留保による自己資金として

第2章 社会福祉充実計画の承認等に係る事務処理基準（平成29年1月24日）のポイント

### 図表17（別表） 建設工事費デフレーター、伸び率表の見方・算定の仕方

| 年度 | 建設工事費デフレーター（建設総合指数） | 2015年と比較した伸び率 |
|---|---|---|
| 1960以前 | 21.0 | 5.206 |
| 1961 | 23.2 | 4.707 |
| 1962 | 23.7 | 4.611 |
| 1963 | 24.4 | 4.483 |
| 1964 | 25.4 | 4.295 |
| 1965 | 26.2 | 4.169 |
| 1966 | 28.1 | 3.882 |
| 1967 | 29.8 | 3.668 |
| 2004 | 98.8 | 1.105 |
| 2005 | 100.0 | 1.092 |
| 2006 | 102.0 | 1.071 |
| 2007 | 104.6 | 1.044 |
| 2008 | 107.9 | 1.012 |
| 2009 | 104.3 | 1.047 |
| 2010 | 104.6 | 1.044 |
| 2011 | 106.2 | 1.028 |
| 2012 | 104.5 | 1.045 |
| 2013 | 107.0 | 1.021 |
| 2014 | 109.8 | 0.995 |
| 2015以降 | 109.2 | 1.000 |

（例）2000年度に建設した建物の建設単価等上昇率は1.094となる。

2005年度が基準年度なので
デフレーターは100

2011年度に竣工した建物は
この行を見る

計算方法は
109.2÷106.2＝1.02824…

資料：別に定める単価等通知別紙に筆者が追記

### 図表23 建設単価等上昇率

③建設単価等上昇率について
　建設単価等上昇率については、別に通知する国土交通省が公表する建設工事費デフレーターによる上昇率又は次の計算式による割合のいずれか高い割合により算定すること。

（計算式）
　別に定める1m²当たりの建設等単価÷当該建物の建設時における1m²当たりの建設単価
（当該建物の建設時の取得価額÷当該建物の建設時における延べ床面積）
　（小数点第4位を四捨五入すること。）

資料：事務処理基準通知

用意していなければならないというものではない。ただし、社会福祉法人の場合、修繕・更新の資金調達として寄付や補助金等はあまり見込めず、また借入も制度的な要素も含め必ずしも容易ではない状況にあることから、法人の自主努力としての内部留保で賄うことが一般的となっている。

### イ）社会福祉施設の修繕の特徴

まず、修繕については、次のような特徴がある。

①修繕の対象となる建物・設備等については、その耐用年数が長期間にわたるものが多く、耐用年数を迎えるまでの間に複数回の大規模修繕そして毎年度のように小規模な各所修繕等が発生すること。

②社会福祉施設は基本的な設備構造が法定されることから、その修繕に要する費用の発生状況も一定のパターンによって生じると見なしやすいこと。

**図表24-1　大規模修繕に必要な費用①**

| 【原則法】 |
| --- |
| 独立した建物ごとの減価償却累計額×別に定める割合−過去の大規模修繕実績額<br><br>＝償却済み価額に対応したライフサイクルコスト−過去の大規模修繕実施額 |
| 【特例】これまでの大規模修繕に係る実績額が不明の場合<br><br>　　建物に係る貸借対照表価額×別に定める割合<br>　×　$\dfrac{建物に係る貸借対照表価額}{建物に係る貸借対照表価額＋建物に係る減価償却累計額}$<br><br>　　＝償却済み価額に対応したライフサイクルコスト×$\dfrac{建物簿価}{建物取得価額}$<br><br>　　＝償却済み価額に対応したライフサイクルコスト×建物未償却割合 |
| 別に定める割合　30％ |

資料：事務処理基準通知に基づき筆者作成

**図表24-2　大規模修繕に必要な費用②**

| ⑤大規模修繕に必要な費用について |
| --- |
| 　大規模修繕に必要な費用については、原則として、独立した建物ごとの減価償却累計額に、別に定める割合を乗じて得た額から、過去の大規模修繕に係る実績額を控除し、これらを法人全体で合算して得た額（当該計算の結果が0未満となる場合については、0とすること。）とすること。<br>　ただし、これまでの大規模修繕に係る実績額が不明な場合には、例外的に次の計算式により得た額とすることができること。<br><br>（計算式）<br>　建物に係る減価償却累計額×別に定める割合×{建物に係る貸借対照表価額÷（建物に係る貸借対照表価額＋建物に係る減価償却累計額）} |

資料：事務処理基準通知

### ウ）大規模修繕に必要な額の算定の考え方

　これらを踏まえ、事務処理基準通知では建物の耐用年数（全ライフサイクル）における修繕の発生年次及び発生コストの標準パターンを定め、そのライフサイクルコストのうち償却済み年数に応じて算定される額から既に実施した部分に係る額を控除することで、算定時点より将来までに要するコストを見積もり、それを控除対象となる内部留保として認めていこうという考え方を取っている（**図表24-1，24-2**）。

　この算定において、算定の対象となる建物については、独立した建物ごとに算定し、これらを法人全体で合算する。また、これらの算定において大規模修繕の対象となるのは、「施設・設備の経年劣化に伴う施設の広範にわたる補修や、設備の更新・新設等の工事に係る費用」をさすものとされ、施設の一部を補修するものや応急的・一時的な対応、点検等のメンテナンスにかかる費用は含まないものとされている（**図表25**）。さらに、この大規模修繕費の範囲についても、会計処理上資産計上すべきものに限定されず、**図表25**に該当するものに係る支出の合計額とされた。

　▶根拠条文：事務処理基準通知3（5）⑤、別に定める単価等通知3、Q&A問36

### ｖ）設備・車両等の更新に必要な費用の算定

　設備・車両等についても、前項の修繕と同様の考え方に基づくが、大規模修繕等建物に係るものとの最大の違いは、対象となる資産に係る耐用年数が建物等と比較して大幅に短いこと、したがって、当該資産の取得価額に係る物価上昇や補助率の変動等の要素は大きく影響することはなく、これらの修繕については、基本的にメンテナンスのような小規模なものが多く、また大規模なものについては、基本的に当該資産の付け替え・再取得という形になるパターンが多く見られるということである。

　このことを踏まえ、事務処理基準通知では控除対象財産として算定する際に、設備・車両等の更新に必要な費用については、前出の事業用不動産等のうち建物以外の固定資産に係る減価償却累計額とすることとされた。

　▶根拠条文：事務処理基準通知3（5）⑥

## ④必要な運転資金の算定

### ｉ）基本的な考え方

#### ア）内部留保調整における運転資金の是非

　運転資金を内部留保の調整計算に含めるべきかについては議論があった。そもそも運転資金は元入れ資金さえ確保されれば、事業運営開始後は運営費収入があり、タイムラグを持ちながら資金繰りが回り始めることから、内部留保としてそれを上回る額を保持する必要があるのかという議論があったからである。

**図表25　大規模修繕に該当する例・しない例**

| | 大規模修繕等の工事に該当する例 | 大規模修繕等の工事に該当しない例（施設の一部・応急的対応・メンテナンス行為） |
|---|---|---|
| 外壁 | ・全面的なタイルの補修<br>・全面的なシール更新<br>・全面的な外壁塗装更新 | ・剥落した一部タイルの補修<br>・割れた窓ガラスの交換<br>・外壁調査 |
| 屋根/防水 | ・防水トップコートの更新<br>・バルコニー防水/シート更新<br>・屋根面の塗装更新 | ・破損した防水の部分的な補修<br>・屋根の塗装剥落部分の補修 |
| 内装 | ・居室・トイレ・浴室等のリニューアル<br>・事務室のOAフロア化 | ・一部クロス剥離の補修<br>・漏水した部分のみの天井の補修<br>・扉の開閉不良の調整 |
| 電気 | ・地上デジタルTV設備の導入<br>・照明設備のLED化<br>・受電設備のトランス更新<br>・施設内通信設備の導入<br>・電気容量の増強 | ・管球の交換<br>・一部コンセントの不良補修<br>・事務室内LAN・電話の敷設 |
| 空調 | ・空調熱源の更新（個別空調化）<br>・空調配管の更新<br>・中央監視設備の更新 | ・空調配管の漏水部分のみの補修<br>・空調機等の故障部分のみの修理<br>・空調機オーバーホール<br>・フィルター/ダクト清掃 |
| 給排水 | ・給湯器の更新（電化等含む）<br>・給水/給湯ポンプの更新<br>・排水管のライニング更新<br>・トイレの増設 | ・排水管清掃<br>・水栓金物の漏水補修 |
| EV等昇降機 | ・エレベーター巻上機/制御盤/かごの更新<br>・ダムウェーターの更新 | ・エレベーターの定期保守・メンテナンス |
| その他 | ・厨房設備の更新<br>・インターホン・ICカード等セキュリティ対策工事<br>・エントランスへのスロープの設置 | ・ベッド・家具等の取替え<br>・外構植栽の剪定 |

資料：Q&A問36

**図表26　設備・車両等の更新に必要な費用**

⑥設備・車両等の更新に必要な費用
　設備・車両等の更新に必要な費用については、(4)*の算定に当たって、財産目録において特定した建物以外の固定資産に係る減価償却累計額の合計額とすること。
注*：「社会福祉法に基づく事業に活用している不動産等の額」の算定をさす。

資料：事務処理基準通知

### イ）内部留保調整として妥当な運転資金の部分

　このような議論も含めても少なくとも以下の3点においては内部留保が運転資金に充てられていると見て調整計算することの妥当性があると考えられた。

　1点めは元入後の期間において生じた運営費に係る物価上昇に伴う運転資金規模の拡大に対応した追加的な必要運転資金分（運営費物価上昇分）。2点めは元入の寄

付を受けずに運営開始した施設に係る運転資金部分である（法人の自己資金による元入れ運転資金の充当）。さらに3点めはリスクバッファとしての資金準備部分（例えば突発的な補修工事等への必要手元流動資金）である。

### ウ）調整額の検討

内部留保が充当されていると見て差し支えない運転資金の部分について、どの程度の額を想定すべきかが次の問題となる。

事業開始時に必要とされる財産要件として、法人認可通知等では初回の運営費が交付されるまでのつなぎ資金として、措置施設では1か月分、介護保険や障害福祉サービス事業では2か月分の資金の準備が求められてきたことから、これを基準にリスクバッファの余裕分も含め算定時点の年間事業費（資金収支計算上の事業活動支出）3か月分と設定された。

### ii）必要な運転資金の算定式

事務処理基準通知では、控除対象財産に含める必要な運転資金の額については、充実残額を算定する年度の前会計年度に係る「法人単位の資金収支計算書（第1号第1様式）における事業活動支出（決算額）に12分の3を乗じて得た額とすること」とされた。

　▶根拠条文：法第55条の2第1項第2号、規則第6条の14第1項第3号、事務処理基準通知3（6）

## ⑤主として施設・事業所の経営を目的としていない法人等の特例

### i）基本的な考え方

以上で見てきた充実残額の算定では、基本的に土地・建物を用いて事業を実施する形態を前提に、事業の永続的実施のために必要な最小限度の内部留保額を控除対象財産としてきた。

しかしながら、社会福祉法人のなかには社会福祉施設を設けずに社会福祉事業を経営するものや賃借物件や行政からの無償又は低額譲渡を受けて社会福祉施設を経営しているものも存在する。このような場合は、控除対象財産の算定の基礎が事業用不動産の価額であったり、施設建物・設備に係る減価償却累計額であったりするため、控除対象財産にほとんど金額が計上できないような場合も想定される。

具体的には、いま仮にまったく同じ事業をまったく同じ経営成績で行うふたつの施設があったとして、一方が法人所有の土地・建物で、他方が賃借物件（または行政から無償・低額譲渡を受けた物件）でそれぞれ事業を行っていた場合には、前者では充実残額が生じなかったとしても、後者では事業用不動産や建物等に係る減価償却累計額が存在しない又はほとんど少額にすぎないため、控除されるものがわずかとなり充実残額が生じてしまうという事態が想定される。このような不均衡な状況に対応するため、事務処理基準通知では「主として施設・事業所の経営を目的と

していない法人等の特例」を定めている。

### ⅱ）特例の対象

　この計算の特例の対象となるのは、下記の要件を満たすすべての社会福祉法人である。事務処理基準通知における本事項の表題からは、社会福祉協議会や訪問型サービスなどを行う法人だけに限定されているかのように受け取られがちである。しかし、事務処理基準通知では「主として施設・事業所の経営を目的としていない法人等であって、～」と定められ、この「等」のなかに施設・事業所の経営を目的とする法人も含まれるという解釈で運用されている。

　現に厚生労働省から配布された社会福祉充実残額算定シートにおいても、事業主体や実施事業による限定を付さない形で算定及び特例計算の判定が行われている。

### ⅲ）特例の適用条件

　この特例計算を適用する条件は、次の式を満たす場合である。

| 【判定式】<br>年間事業活動支出　　＞（再取得に必要な財産＋必要な運転資金） |
| --- |
| ここで各項目は次の通り<br>年間事業活動支出・・・法人単位の資金収支計算書の事業活動支出計<br>　　　　　　　　　　　　　　　　　　　　　　　　　　　　　　（本書、前記④）<br>再取得に必要な財産＝将来の建替に必要な費用＋建替までの間の大規模修繕に必要な費用＋<br>　　　　　　　　　　設備・車両等の更新に必要な費用<br>　　　　　　　　　　　　　　　　　　　　　　　　　　　　　　（本書、前記③） |

資料：事務処理基準通知に基づき筆者作成

### ⅳ）算定式

　特例の適用条件が満たされた場合には、次のような算定式によって充実残額を計算することとされた。

| 社会福祉充実残額＝活用可能な財産－社会福祉法に基づく事業に活用している不動産等－年間事業活動支出 |
| --- |

資料：事務処理基準通知に基づき筆者作成

### ⑥社会福祉充実残額の算定過程に関する書類の保存

　充実残額の計算プロセスに関する書類については、法人において毎会計年度における最初の日から10年間保存しておくこととされた。

　さらに充実計画を策定する場合には、さらに充実計画の実施期間の満了の日から10年間保存することとされた。

　ここでいう計算プロセスに関する書類とは、事務処理基準通知上は明文上の規定は存在していないが、少なくとも**図表27**に示すようなものは対象となると考えられる。

⑦社会福祉充実残額算定シートの活用

　　充実残額の算定にあたっては、法人の計算関係書類などから各種数値を用いて算定する必要がある。一方、法人の計算関係書類については、規則第9条第3号に基づいて、社会福祉法人財務諸表等電子開示システムを用いるなどにより開示・登録することが望ましいとされ、これら計算関係書類の数値に基づいて算定される充実残額については、当該システムに組み込まれた「社会福祉充実残額算定シート」が用意され、原則としてこれを活用することとされている。

　　なお、社会福祉充実残額算定シートの作成に当たっては、「「社会福祉法人が届け出る「事業の概要等」等の様式について」の一部改正について」（平成30年3月20日　社援発0320第1号　社会・援護局長ほか連名通知）別添2に係る記載要領に従うこととされている。

**図表27　社会福祉充実残額の算定プロセスに関する書類**

- ●毎会計年度に係る社会福祉充実残額算定シート
- ●毎会計年度の前年度に係る以下の計算関係書類
    貸借対照表
    財産目録
    資金収支計算書
- ●社会福祉充実残額の算定に使用した以下の数値を確認できる書類
    建設時の延べ床面積
    建設時の自己資金
    過去の大規模修繕に要した費用（当該額が不明の場合を除く）
    当該建物の建設時の取得価額

# 4. 社会福祉充実計画策定の実務

## （1）社会福祉充実計画の策定を要するケース

### ①原則

　　法第55条の2において、充実残額を算定した結果、充実残額が生じた場合は充実計画を策定し、これに従って充実事業を実施しなければならないとされている。

### ②社会福祉充実残額が少額の場合

　　ただし、充実残額を算定した結果、その額がきわめて少額であり、充実計画を策定するコストと比較して、これを下回るような場合には、事実上、充実事業の実施が不可能なものとして、充実計画を策定することは要しないとされている（Q&A問41）。

　　ここでいう策定するコストについては、明文上の規定はないが、一般的に考えられるものとしては、次のものが挙げられる。

〔1〕事業区域の住民の福祉ニーズに関する調査を行うために必要なコスト

〔2〕充実計画原案に係る公認会計士・税理士等からの意見聴取（手続実施結果報告書の作成）に要する費用

〔3〕充実事業にかかる事業費の見積もりに要するコスト など

　また、充実残額が少額で策定するコストを下回ったことに係る説明責任を果たすためにも、策定するコストに係る証憑等が存在する場合は、当該書類を「社会福祉充実残額の計算過程に関する書類の保存」に準じて保存することが望ましいと考えられる。

### ③法人の独自財源との組み合わせによる実施

　一方、Q&Aでは、法人の判断により、充実残額に他の財源を組み合わせて一定の財源を確保することにより、充実計画を策定し、実施することを妨げないとされている（同）。

## (2) 社会福祉充実計画の記載内容

　充実計画を策定しなければならない場合、当該計画に記載すべき内容は**図表28**に掲げるとおりであり、事務処理基準通知（別紙1）においてその具体的な様式及びその記載要領が定められている。

　▶根拠条文：法第55条の2第3項、規則第6条の15

## (3) 社会福祉充実計画に位置づける事業の種類
### ①計画に記載する事業

　充実計画に記載する充実事業としては、次に掲げるものとし、計画にはそれらの全部又はいずれかを実施するための内容を記載することとされている。

〔1〕社会福祉事業及び法第2条第4項第4号に規定する事業に該当する公益事業
〔2〕地域公益事業（〔1〕に掲げる公益事業を除き、日常生活又は社会生活上の支援を必要とする事業区域の住民に対し、無料又は低額な料金で、その需要に応じた福祉サービスを提供するもの）
〔3〕公益事業（〔1〕及び〔2〕に掲げるものを除く）

図表28　社会福祉充実計画の記載事項

①既存事業の充実又は新規事業（社会福祉充実事業）の規模及び内容
②事業区域
③社会福祉充実事業の事業費（人件費、事務費を含む）
④社会福祉充実残額
⑤計画の実施期間
⑥法人名、法人の所在地、連絡先等の基本情報
⑦社会福祉充実残額の使途に関する検討結果
⑧資金計画
⑨公認会計士・税理士等からの意見聴取年月日
⑩地域協議会等の意見の反映状況
　（地域公益事業を実施する場合に限る。）
⑪計画の実施期間が5か年度を超える理由等

資料：事務処理基準通知

②計画に位置づける事業に関するQ&A

Q&Aにおいて、充実計画に位置づける事業に該当するかどうかについて記載がある（**図表29**）。

その該当の可否に関する考え方は、同Q&Aの問39において、「社会福祉充実計画は、既存事業の充実又は既存事業以外の新規事業の実施に関する計画」とされ、その該当要件としては

〔1〕法人が社会福祉充実残額を活用すること

〔2〕一定の対象者に対するものであること

〔3〕受益的なサービスや給付等の実施又は充実を図るための支出を行う事業であること

が示されている。

**図表29　Q&Aにおける社会福祉充実事業関係**

| 項目 | 可否 | 問 |
|---|---|---|
| 災害等のリスクに備えた積立を行う | × | 問42 |
| 単に外部の社会福祉法人に資金を拠出する | × | 問42 |
| 将来において見込まれる既存事業の赤字による費消 | × | 問46 |
| 建物に係る借入金の返済 | × | 問47 |
| 既に実施している事業 | ● | 問49 |
| 退職職員の補充 | ● | 問50 |
| 施設の建替・設備整備 | ● | 問53 |

資料：Q&Aに基づき作成

凡例：●…一定の条件付き可、×…不可

③定款変更の要否の検討等

充実計画に記載して実施する事業については、定款への記載の要否を検討し、所轄庁と相談のうえ、必要な手続きを行うことに留意する。

▶根拠条文：法第55条の2第4項、規則第6条の16

## (4) 社会福祉充実事業の検討・記載順

一方、法第55条の2第4項において、充実計画に位置づける事業の実施についての検討は、「社会福祉事業等」、「地域公益事業」、「その他の公益事業」の順に行わなければならないとされている。

検討の結果、第1順位の社会福祉事業等を実施せず、第2順位の地域公益事業又は第3順位の公益事業のみを行うことも可能とされている（Q&A問41）。

社会福祉法（抄）
(社会福祉充実計画の承認)
第五十五条の二
(略)
4 社会福祉法人は、前項第一号に掲げる事項［筆者注：社会福祉充実事業の規模及び内容］の記載に当たつては、厚生労働省令で定めるところにより、次に掲げる事業の順にその実施について検討し、行う事業を記載しなければならない。
一 社会福祉事業又は公益事業（第二条第四項第四号に掲げる事業［筆者注：第一種社会福祉事業又は第二種社会福祉事業に掲げる事業でその規模が一定未満のもの］に限る。）
二 公益事業（第二条第四項第四号に掲げる事業を除き、日常生活又は社会生活上の支援を必要とする事業区域の住民に対し、無料または低額な料金で、その需要に応じた福祉サービスを提供するものに限る。第六項及び第九項第三号において「地域公益事業」という。）
三 公益事業（前二号に掲げる事業を除く。）

### (5) 地域公益事業

　地域公益事業とは、法第55条の2第4項第2号に定めがあり、具体的には「日常生活又は社会生活上の支援を必要とする事業区域の住民に対し、無料又は低額な料金で、その需要に応じた福祉サービスを提供するもの」と定義されている。

　なお、この定義は社会福祉法人の「地域における公益的な取組を実施する責務」として法第24条第2項に定められたものと類似しているが、それらの関係については、**図表30**のとおりである。

図表30　地域における公益的な取組を実施する責務と地域公益事業

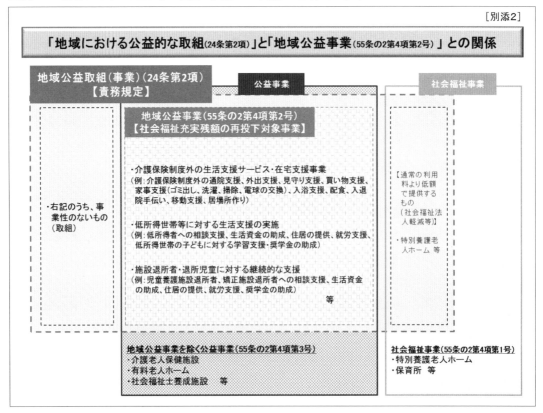

資料：厚生労働省作成

「地域における公益的な取組」は、**図表30**が示すとおり、「地域公益事業」を含む広い定義となっており、社会福祉充実残額の有無にかかわらず、すべての社会福祉法人が実施する責務を負っていることに留意する必要がある。

## (6) 社会福祉充実計画の実施期間

### ①実施期間の原則

充実計画の実施期間は、充実残額を算定した会計年度の翌年度から5年度以内の範囲とされている。この実施期間において計画策定段階における充実残額の全額について、一または複数の充実事業の実施に活用することとされている。また、計画の実施期間の満了により、所轄庁による計画の承認の効力が失効する。

### ②実施期間の特例

充実計画の実施期間については、以下のような合理的な理由があると認められる場合には、理由を計画に記載したうえで、その実施期間を10年以内とすることができるとされている。

1）社会福祉充実残額の規模からして、5か年度の計画実施期間内に費消することが合理的でない場合

2）5か年度の計画実施期間経過後に事業拡大や既存建物の建替を行うなど、充実残額の使途について明確な事業計画が定まっている場合

なお、Q&Aにおいて、ここでいう「合理的理由」がある場合の説明があり、充実事業の事業目的を達成するために必要な期間が10か年度を要するという理由を相当程度明らかにしていればたりるとされている。

### ③事業の始期・終期

充実計画に記載された各事業の始期（所轄庁による計画の承認の日以降に限る）、終期、実施期間、各年度の事業費については、計画の実施期間の範囲で、法人の任意で設定することができるとされている。

## (7) 活用する社会福祉充実残額の範囲の特例

充実残額については、充実計画の実施期間の範囲でその全額を活用することが原則であるが、充実残額が相当程度大きな額となっていることも考えられ、最初に策定する充実計画においてその全額を費消することが必ずしも合理的ではない場合も想定されることから、当分の間、特例として当該合理的でない理由を計画に記載したうえで、充実残額の概ね2分の1以上を充実事業に充てるとする計画の策定ができることとされた。

## (8) 公認会計士・税理士等への意見聴取

### ①意見の聴取

　充実計画の原案が策定された後、充実事業を実施するために要する事業費及び充実残額がいずれも妥当であるかについて公認会計士、税理士その他財務に関する専門的な知識経験を有する者（監査法人、税理士法人）の意見を聴かなければならないこととされている。

### ②財務に関する専門家

　また、これら財務に関する専門家には、法人の会計監査人や顧問税理士、公認会計士や税理士の資格を保有する評議員、監事等（理事長を除く）であっても差し支えないとされている。

### ③聴取する意見の内容

　財務に関する専門家から意見聴取する充実事業の事業費及び充実残額の妥当性とは、具体的には以下のものである。
　１）社会福祉充実残額の算定関係
　　ア　社会福祉法に基づく事業に活用している不動産等に係る控除の有無の判定
　　イ　社会福祉法に基づく事業に活用している不動産等の再計算（検算）
　　ウ　再取得に必要な財産の再計算（検算）
　　エ　必要な運転資金の再計算（検算）
　　オ　社会福祉充実残額の再計算（検算）
　２）法人が行う社会福祉充実事業関係
　　カ　事業費の再計算（検算）

### ④意見聴取のタイミング

　意見聴取の結果は、「手続実施結果報告書」（事務処理基準通知　別紙2）の交付をもって行い、その交付のタイミングは充実残額を算定した会計年度に係る監事監査報告書が作成された日以降であることを基本とされている。

　これは公認会計士・税理士等は計画の前提となる充実残額の算定に係る計算関係書類等の数値を所与として行い、当該計算関係書類の検証は意見聴取に係る業務には含まれないことから、少なくとも決算計算書類等のチェックが行われる監事監査の結果を待って行われることとされたものである。

　一方、決算に係る計算関係書類については、監事監査、理事会での承認、評議員会での報告（又は承認（租税特別措置法第40条を適用する場合に限る））を経て確定されていくこととなることから、充実計画のこれらの機関承認・報告もこれにあわせて付議されることが合理的であろう。したがって、意見聴取については、監事監査報告の後、理事会までの間に行われれば、理事会や評議員会に決算に係る計算関係書類等、充実計画、公認会計士又は税理士等による意見聴取に係る確認書が

揃った形で付議されることとなる。なお、Q&A問59では（諸般の事情により）評議員会より後に意見聴取を行うことについて記載があり、そのような取扱いも一応排除はされていないが、仮に意見聴取の結果、充実残額や事業費等、充実計画原案に変更が生じた場合は、再度評議員会を招集し承認を得なければならないとされている点には留意が必要である。

　▶根拠法令：法第55条の2第5項、規則第6条の17

## （9）地域協議会等への意見聴取

### ①概要

　充実計画を策定する社会福祉法人で、地域公益事業を実施しようとする場合は、法第55条の2第6項の規定により、「地域公益事業の内容及び事業区域における需要」について、「住民その他の関係者」の意見を聴かなければならないこととされており、その意見聴取の場として地域協議会が設置されることとなる。

### ②地域協議会の目的

　地域協議会の目的としては、事務処理基準通知別紙3（以下、「別紙3」という）において2つ挙げられている。ひとつは社会福祉法人にとって「中立公正かつ円滑な意見聴取が行えるようにする」ことであり、もうひとつは当該地域公益事業の対象となる事業区域においては「地域における関係者のネットワークを強化し、関係者間での地域課題の共有、各種事業の役割分担の整理など、地域福祉の推進体制の強化を図る」ことであるとされている。

### ③地域協議会の設置者

　地域協議会を設置し運営する者として、同じく別紙3では「地域協議会の体制整備に係る責任は原則として」、当該地域公益事業を実施しようとする社会福祉法人の「所轄庁が有する」とされている。

　具体的な地域協議会の体制としては、運営主体は所轄庁が地域の事情に応じて決定し、効率的な開催の観点から可能な限り既存の会議体を活用することとして、「地域福祉活動支援計画策定委員会」、「地域ケア会議」、「自立支援協議会」などを想定し、人数等を考慮し当該会議体の下に分科会等を設置するなどの工夫をすることも例示されている。

　また、都道府県は管内の市における地域協議会の設置状況を集約し、社会福祉法人に情報提供を行うとともに、（所轄庁である市が地域協議会を設置しない等により）空白が生じている地域がある場合には、都道府県が他に設置した地域協議会を活用して、その所管する社会福祉法人について適切に意見聴取できるようにする等の措置をとることを求めている。

### ④地域協議会の実施区域

　　地域協議会の実施区域は、原則として所轄庁単位とされているが、所轄庁が管轄する区域を複数に分割して、それぞれごとに地域協議会を設置したり、複数の所轄庁が合同して地域協議会を設置したりすることもできるとされている。なお、複数の所轄庁が合同する場合は、法の趣旨を踏まえ広域的になりすぎないよう留意することとされている。

### ⑤地域協議会の構成員

　　地域協議会の構成員については、別紙3で以下の者が例示されている。
　　　１）学識経験者
　　　２）保健医療福祉サービス事業者
　　　３）民生委員・児童委員
　　　４）自治会等地域住民の代表者
　　　５）ボランティア団体
　　　６）社会福祉協議会
　　　７）福祉行政職員（町村職員を含む）
　　これらの者が構成員となる場合、複数の地域協議会の構成員となることも可能とされている。

### ⑥地域協議会の開催タイミング

　　地域協議会の開催時期については、所轄庁は社会福祉法人の充実計画の策定スケジュールにあわせて適切に開催されるようにしなければならないとされている。社会福祉法人にあっては、その策定する充実計画のスケジュールを踏まえて、時間的余裕をもって所轄庁と事前からの協議を進めることで、地域協議会が適切・円滑に開催されるよう連携を図っていくことが必要である。

### ⑦地域協議会での協議内容

　　地域協議会で協議する内容としては、別紙3では以下のようなものが例示されている。
　　　１）地域の福祉課題に関すること
　　　２）地域に求められる福祉サービスの内容に関すること
　　　３）社会福祉法人が実施を予定している地域公益事業に関する意見
　　　４）関係機関との連携に関すること

### ⑧地域協議会の活用

　　また、地域協議会は、地域公益事業を実施しようとする社会福祉法人に対する事前の意見聴取の場のみならず、次の事項の討議を行うことで、地域福祉推進のためのツールとして活用されていくことが望ましいともされている。

１）地域公益事業の実施状況の確認、助言

２）地域の関係者によるそれぞれの取組・課題の共有

３）地域の関係者の連携の在り方

#### ⑨社会福祉法人の経営の自主性の尊重

地域協議会における討議の内容については、地域の福祉ニーズ等についての社会福祉法人が参酌すべき参考意見とされているが、一方で、社会福祉法人の経営の自主性を最大限に尊重すべきとされ、所轄庁が地域公益事業の内容や実施方法について指示する等、法人の自主性を損ねるようなことはあってはならないことである。

#### ⑩広域的に事業を行う場合の意見聴取の取扱い

複数の地域協議会の区域をまたがって地域公益事業を広域的に行う場合については、充実計画の円滑な策定を図る観点から、主たる実施地域を特定し、当該地域を所管する地域協議会に意見を聴くことでたりるものとされている。ただし、この場合でも当該地域以外の住民の意見が可能な限り反映されるよう社会福祉法人のホームページ等による意見募集やアンケートなどの実施に努めることが求められている。

## (10) 理事会・評議員会の承認

充実計画の原案については、上述した公認会計士・税理士等による内容の確認・意見聴取及び地域協議会における意見聴取（地域公益事業を行う場合）を経たうえで、法人として充実計画を確定し、所轄庁に承認申請を行うこととなる。法第55条の2第7項に基づき、充実計画は評議員会で承認を受けなければならない。充実計画の承認を評議員会の議題とするためには、予め理事会において評議員会への付議事項の決議を行わなければならない。事務処理基準通知7においてはこれらの点についての入念規定が置かれている。

なお、充実計画原案の評議員会承認後の公認会計士・税理士等への確認書作成依頼（意見聴取）については、Q&Aの問59において可能とされているが、確認の結果原案の修正を要する場合は再度評議員会を開催すべきと定められている。

## (11) 所轄庁への承認申請

評議員会で承認され、法人として確定した充実計画案については、事務処理基準通知で定める様式例（事務処理基準通知の別紙1：計画書の様式）により取りまとめ、充実残額が生じた会計年度の翌会計年度の6月30日までに法第59条の届出（現況報告書及び計算関係書類の届出）と同時に所轄庁に対して承認申請を行うこととされている（事務処理基準通知の別紙4：承認申請書の様式）。

所轄庁においては、法人の自主性の尊重、関係者からの意見聴取の結果であることを踏まえ、以下の点について確認を行うこととされている。

１）計画案に必要事項の記載があるか（様式例において記載すべき欄に記載漏

れはないか）

　２）　計画案の策定に当たって法において求められている手続きに従っているか

　３）　計画案の内容に著しく合理性を欠く内容がないか

　　ア　社会福祉充実残額と事業の規模及び内容の整合性

　　イ　計画されている社会福祉充実事業に社会福祉事業が含まれている場合、当該事業について事業区域における需要・供給の見通しとの整合性

　４）　計画案の内容等が、申請時点における介護保険事業計画、障害福祉計画、子ども子育て支援事業計画等の行政計画との関係において、施設整備等の観点から実現不可能なものとなっていないか

　なお、事務処理基準通知では上記の充実計画の承認申請に係る確認において、次の３つの点についての留意が付されている。

　１）　社会福祉充実計画案が、承認申請時点における法人の社会福祉充実残額の使途を明確にするという趣旨に鑑み、所轄庁が法人に対し特定の事業の実施を指導する等の法人の自主性を阻害するようなことがあってはならないこと

　２）　社会福祉充実計画案において、社会福祉施設の整備を内容とする計画が盛り込まれている場合、当該計画案を所轄庁が承認することをもって、法人に対し将来の施設整備補助や事業の指定等を確約するものではないこと

　３）　社会福祉充実計画が承認された後、介護保険事業計画等の行政計画の改定等により社会福祉充実計画を取り巻く状況に変化が生じ、社会福祉充実事業の実施継続が困難になるような場合には、当該社会福祉充実計画における計画事項の変更ないしは終了が必要となること

---

社会福祉法（抄）
（社会充実計画の承認）
第五十五条の二
（略）
9　所轄庁は、第一項の承認の申請（筆者注：社会福祉充実計画の承認申請）があつた場合において、当該申請に係る社会福祉充実計画が、次の各号に掲げる要件のいずれにも適合するものであると認めるときは、その承認をするものとする。
　一　社会福祉充実事業として記載されている社会福祉事業又は公益事業の規模及び内容が、社会福祉充実残額に照らして適切なものであること。
　二　社会福祉充実事業として社会福祉事業が記載されている場合にあつては、その規模及び内容が、当該社会福祉事業に係る事業区域における需要及び供給の見通しに照らして適切なものであること。
　三　社会福祉充実事業として地域公益事業が記載されている場合にあつては、その規模及び内容が、当該地域公益事業に係る事業区域における需要に照らして適切なものであること。
　四　その他厚生労働省令で定める要件に適合するものであること。

社会福祉法施行規則（抄）
（社会福祉充実計画の承認の申請）
第六条の十三　法第五十五条の二第一項に規定する社会福祉充実計画の承認の申請は、申請書に、次の各号に掲げる書類を添付して所轄庁に提出することによつて行うものとする。
　一　社会福祉充実計画を記載した書類
　二　法第五十五条の二第五項に規定する者の意見を聴取したことを証する書類
　三　法第五十五条の二第七項の評議員会の議事録
　四　その他必要な書類

**様式1 社会福祉充実計画の様式**

（別紙1）

平成〇年度～平成〇年度　社会福祉法人〇〇　社会福祉充実計画

### 1. 基本的事項

| 法人名 | | 法人番号 | |
|---|---|---|---|
| 法人代表者氏名 | | | |
| 法人の主たる所在地 | | | |
| 連絡先 | | | |
| 地域住民その他の関係者への意見聴取年月日 | | | |
| 公認会計士、税理士等の意見聴取年月日 | | | |
| 評議員会の承認年月日 | | | |

| 会計年度別の社会福祉充実残額の推移<br>（単位：千円） | 残額総額<br>（平成〇年度末現在） | 1か年度目<br>（平成〇年度末現在） | 2か年度目<br>（平成〇年度末現在） | 3か年度目<br>（平成〇年度末現在） | 4か年度目<br>（平成〇年度末現在） | 5か年度目<br>（平成〇年度末現在） | 合計 | 社会福祉充実事業未充当額 |
|---|---|---|---|---|---|---|---|---|
| うち社会福祉充実事業費（単位：千円） | | | | | | | | |
| 本計画の対象期間 | | | | | | | | |

### 2. 事業計画

| 実施時期 | 事業名 | 事業種別 | 既存・新規の別 | 事業概要 | 施設整備の有無 | 事業費 |
|---|---|---|---|---|---|---|
| 1か年度目 | | | | | | |
| | | | | 小計 | | |
| 2か年度目 | | | | | | |
| | | | | 小計 | | |
| 3か年度目 | | | | | | |

| | | 小計 | | |
|---|---|---|---|---|
| 4か年<br>度目 | | | | |
| | | 小計 | | |
| 5か年<br>度目 | | | | |
| | | 小計 | | |
| | | 合計 | | |

※ 欄が不足する場合は適宜追加すること。

## 3．社会福祉充実残額の使途に関する検討結果

| 検討順 | 検討結果 |
|---|---|
| ① 社会福祉事業及び公益事業（小規模事業） | |
| ② 地域公益事業 | |
| ③ ①及び②以外の公益事業 | |

## 4．資金計画

| 事業名 | 事業費内訳 | | 1か年度目 | 2か年度目 | 3か年度目 | 4か年度目 | 5か年度目 | 合計 |
|---|---|---|---|---|---|---|---|---|
| | 計画の実施期間における事業費合計 | | | | | | | |
| | 財源構成 | 社会福祉充実残額 | | | | | | |
| | | 補助金 | | | | | | |
| | | 借入金 | | | | | | |
| | | 事業収益 | | | | | | |
| | | その他 | | | | | | |

※ 本計画において複数の事業を行う場合は、2．事業計画に記載する事業の種類ごとに「資金計画」を作成すること。

## 5．事業の詳細

| 事業名 | |
|---|---|
| 主な対象者 | |
| 想定される対象者数 | |

| 事業の実施地域 | | |
|---|---|---|
| 事業の実施時期 | 平成〇年〇月〇日～平成〇年〇月〇日 | |
| 事業内容 | | |
| 事業の実施スケジュール | 1か年度目 | |
| | 2か年度目 | |
| | 3か年度目 | |
| | 4か年度目 | |
| | 5か年度目 | |
| 事業費積算<br>（概算） | | |
| | 合計 | 〇〇千円（うち社会福祉充実残額充当額〇〇千円） |

| 地域協議会等の意見と<br>その反映状況 | |
|---|---|

※　本計画において複数の事業を行う場合は、2．事業計画に記載する事業の種類ごとに「事業の詳細」を作成すること。

## ６．社会福祉充実残額の全額を活用しない又は計画の実施期間が５か年度を超える理由

| |
|---|
| |

資料：事務処理基準通知の別紙1

**様式2　社会福祉充実計画の承認申請書**

（別紙４－様式例①）

（文書番号）

平成○年○月○日

○○○都道府県知事
　　又は　　　　　　　　殿
○○○市市長

（申請者）

社会福祉法人　○○○

理事長　○○　○○

社会福祉充実計画の承認申請について

当法人において、別添のとおり社会福祉充実計画を策定したので、社会福祉法第５５条の２第１項の規定に基づき、貴庁の承認を申請する。

（添付資料）
- 　平成○年度～平成○年度社会福祉法人○○○社会福祉充実計画
- 　社会福祉充実計画の策定に係る評議員会の議事録（写）
- 　公認会計士・税理士等による手続実施結果報告書（写）
- 　社会福祉充実残額の算定根拠
- 　その他社会福祉充実計画の記載内容の参考となる資料

資料：事務処理基準通知の別紙4

## （12）社会福祉充実計画の変更

　　承認された充実計画については、計画期間の変更を除き、基本的に変更理由のいかんを問われる等、変更を制限するような規定は存在しない。計画期間については、最大10年の範囲で変更は可能だが、計画策定の際に合理的な理由が存在して

**様式3　社会福祉充実計画の承認通知書**

（別紙４－様式例②）

（文 書 番 号）
平成○年○月○日

社会福祉法人　○○○
　理事長　○○　○○　殿

○○○都道府県知事
又は
○○○市市長

社会福祉充実計画承認通知書

　平成○年○月○日付け（文書番号）により、貴法人より申請のあった社会福祉充実計画については、社会福祉法第５５条の２第１項の規定に基づき、承認することとしたので通知する。

資料：事務処理基準通知の別紙4

　いる場合に限り5年を超えることが認められることから、変更に際しても計画期間の延長については合理的な理由なく、単に事業実施期間を延長するということは認められていない。

　充実残額は毎会計年度において法人が計算すべきこととされており、算定結果は毎会計年度変動することが想定される。しかしながら、充実計画は承認申請時点における将来の充実計画の使途を明らかにするという趣旨なので、充実残額の増減のみを理由に変更することは要しないとされている。

　しかしながら、**図表31**に示す事項に該当する場合は、充実計画の変更について、所轄庁に対して、承認または届出を行う必要がある。

　充実計画を変更しようとするときは、その内容に応じて所轄庁に対する必要な手続きが異なる。具体的には軽微な変更については所轄庁に変更の届出を行えばたり、軽微でない変更については変更の承認申請を行い、所轄庁の承認を受けなければならないとされている（**様式4、5、6**）。

**図表31 社会福祉充実計画の変更に係る承認・届出の基準**

| | 変更承認事項 | 変更届出事項 |
|---|---|---|
| 事業内容関連 | ○ 新規事業を追加する場合<br>○ 既存事業の内容について、以下のような大幅な変更を行う場合<br>ア 対象者の追加・変更<br>イ 支援内容の追加・変更<br>○ 計画上の事業費について、20%を超えて増減させる場合 | ○ 既存事業の内容について、左記以外の軽微な変更を行う場合<br>○ 計画上の事業費について、20%以内で増減させる場合 |
| 事業実施地域関連 | ○ 市町村域を超えて事業実施地域の変更を行う場合 | ○ 同一市町村内で事業実施地域の変更を行う場合 |
| 事業実施期間関連 | ○ 事業実施年度の変更を行う場合<br>○ 年度を超えて事業実施期間の変更を行う場合 | ○ 同一年度内で事業実施期間の変更を行う場合 |
| 社会福祉充実残額関連 | ○ 事業費の変更に併せて計画上の社会福祉充実残額について20%を超えて増減させる場合 | ○ 事業費の変更に併せて計画上の社会福祉充実残額について20%以内の範囲で増減させる場合 |
| その他 | | ○ 法人名、法人代表者氏名、主たる事務所の所在地、連絡先を変更する場合 |

資料：事務処理基準通知

社会福祉法（抄）
（社会福祉充実計画の変更）
第五十五条の三　前条第一項の承認を受けた社会福祉法人は、承認社会福祉充実計画の変更をしようとするときは、厚生労働省令で定めるところにより、あらかじめ、所轄庁の承認を受けなければならない。ただし、厚生労働省令で定める軽微な変更については、この限りでない。
　2　前条第一項の承認を受けた社会福祉法人は、前項ただし書の厚生労働省令で定める軽微な変更をしたときは、厚生労働省令で定めるところにより、遅滞なく、その旨を所轄庁に届け出なければならない。
　3　前条第三項から第十項までの規定は、第一項の変更の申請について準用する。

社会福祉法施行規則（抄）
（承認社会福祉充実計画の変更の承認の申請）
第六条の十八　法第五十五条の三第一項に規定する承認社会福祉充実計画の変更の承認の申請は、申請書に、次の各号に掲げる書類を添付して所轄庁に提出することによつて行うものとする。
　一　変更後の承認社会福祉充実計画を記載した書類
　二　第六条の十三第二号から第四号までに掲げる書類

（承認社会福祉充実計画における軽微な変更）
第六条の十九　法第五十五条の三第一項の厚生労働省令で定める軽微な変更は、次に掲げるもの以外のものとする。
　一　社会福祉充実事業の種類の変更
　二　社会福祉充実事業の事業区域の変更（変更前の事業区域と変更後の事業区域とが同一の市町村（特別区を含む。）の区域内である場合を除く。）
　三　社会福祉充実事業の実施期間の変更（変更前の各社会福祉充実事業を実施する年度（以下「実施年度」という。）と変更後の実施年度とが同一である場合を除く。）
　四　前三号に掲げる変更のほか、社会福祉充実計画の重要な変更

**様式4　社会福祉充実計画の変更承認申請書**

（別紙５－様式例①）

（文書番号）

平成○年○月○日


○○○都道府県知事

　　又は　　　　　　　　殿

○○○市市長


（申請者）

社会福祉法人　○○○

理事長　○○　○○


承認社会福祉充実計画の変更に係る承認申請について


　平成○○年○月○日付け（文書番号）により、貴庁より承認を受けた社会福祉充実計画について、別添のとおり変更を行うこととしたので、社会福祉法第５５条の３第１項の規定に基づき、貴庁の承認を申請する。


（添付資料）

・　変更後の平成○年度～平成○年度社会福祉法人○○○社会福祉充実計画

　　（注）変更点を赤字とする、新旧対照表を添付するなど、変更点を明示すること。

・　社会福祉充実計画の変更に係る評議員会の議事録（写）

・　公認会計士・税理士等による手続実施結果報告書（写）

・　社会福祉充実残額の算定根拠

・　その他社会福祉充実計画の記載内容の参考となる資料


資料：事務処理基準通知の別紙5

**様式5 社会福祉充実計画の変更承認通知書**

（別紙５－様式例②）

（文書番号）

平成○年○月○日

社会福祉法人　○○○

　理事長　○○　○○　殿

○○○都道府県知事

又は

○○○市市長

承認社会福祉充実計画変更承認通知書

　平成○年○月○日付け（文書番号）により、貴法人より申請のあった社会福祉充実計画の変更については、社会福祉法第５５条の３第１項の規定に基づき、承認することとしたので通知する。

資料：事務処理基準通知の別紙5

## (13) 社会福祉充実計画の終了

　承認を受けた充実計画の実施期間中に、やむを得ない事由により当該計画に従って事業を実施することが困難である場合には、予め所轄庁の承認を受けて充実計画を終了することができるとされている。

　なお、充実計画に定める計画期間の終期に至ったことに伴う、計画の終結は「計画の満了」といい、計画の終了とは区別される。

　充実計画を終了することとなった「やむを得ない事由」とは、次に掲げることなどが想定される。

　①社会福祉充実事業に係る事業費が見込みを上回ること等により、社会福祉充実残額が生じなくなることが明らかな場合

　②地域の福祉ニーズの減少など、状況の変化により、社会福祉充実事業の実施の目的を達成し、又は事業の継続が困難となった場合

　会計年度の途中の段階で充実計画を終了したとき、なお充実残額が存在している

**様式6　社会福祉充実計画の変更届出書**

（別紙６－様式例）

（文　書　番　号）

平成○年○月○日

○○○都道府県知事
　　又は　　　　　　　　殿
○○○市市長

（申請者）

社会福祉法人　○○○

理事長　○○　○○

承認社会福祉充実計画の変更に係る届出について

　平成○○年○月○日付け（文書番号）により、貴庁より承認を受けた社会福祉充実計画について、別添のとおり変更を行うこととしたので、社会福祉法第５５条の３第２項の規定に基づき、貴庁に届出を行う。

（添付資料）
・　変更後の平成○年度～平成○年度社会福祉法人○○○社会福祉充実計画
　　（注）変更点を赤字とする、新旧対照表を添付するなど、変更点を明示すること。
・　社会福祉充実残額の算定根拠
・　その他社会福祉充実計画の記載内容の参考となる資料

資料：事務処理基準通知の別紙6

場合は、当該計画が終了した会計年度末の段階で充実残額を算定し、生じた場合には翌会計年度以降を新たな実施期間とする新たな充実計画を策定することとされている。

---

社会福祉法（抄）
（社会福祉充実計画の終了）
第五十五条の四　第五十五条の二第一項の承認を受けた社会福祉法人は、やむを得ない事由により承認社会福祉充実計画に従つて事業を行うことが困難であるときは、厚生労働省令で定めるところにより、あらかじめ、所轄庁の承認を受けて、当該承認社会福祉充実計画を終了することができる。

社会福祉法施行規則（抄）
（承認社会福祉充実計画の終了の承認の申請）
第六条の二十一　法第五十五条の四に規定する承認社会福祉充実計画の終了の承認の申請は、申請書に、承認社会福祉充実計画に記載された事業を行うことが困難である理由を記載した書類を添付して所轄庁に提出することによつて行うものとする。

---

## (14) 社会福祉充実計画の公表等

### ①社会福祉充実計画策定・変更の公表

　充実計画を策定し所轄庁の承認を受けた場合や、計画の変更の承認を受けた場合もしくは変更の届出を行った場合は、法人のホームページ等で直近の充実計画を公表（社会福祉法人の財務諸表等電子開示システムにおける公表を含む）すべきこととされている。

### ②社会福祉充実事業の実績の公表

　充実計画に記載されるべき毎会計年度の充実事業に係る実績については、同様に毎年度ホームページ等において公表に努めることとされている。

### ③社会福祉充実計画の保存

　充実計画については、計画の実施期間満了の日から10年間、法人において保存することとされている。

**様式7　社会福祉充実計画の終了承認申請書**

（別紙7－様式例①）

（文　書　番　号）

平成○年○月○日

○○○都道府県知事
　又は　　　　　　　　殿
○○○市市長

（申請者）

社会福祉法人　○○○

理事長　○○　○○

承認社会福祉充実計画の終了に係る承認申請について

平成○○年○月○日付け（文書番号）により、貴庁より承認を受けた社会福祉充実計画について、下記のとおり、やむを得ない事由が生じたことから、当該計画に従って事業を行うことが困難であるため、社会福祉法第５５条の４の規定に基づき、当該計画の終了につき、貴庁の承認を申請する。

記

（承認社会福祉充実計画を終了するに当たってのやむを得ない事由）

（添付資料）
・　終了前の平成○年度～平成○年度社会福祉法人○○○社会福祉充実計画
・　その他承認社会福祉充実計画を終了するに当たって、やむを得ない事由があることを証する書類

資料：事務処理基準通知の別紙7

**様式8 社会福祉充実計画の終了承認通知書**

（別紙7－様式例②）

（文　書　番　号）

平成○年○月○日

社会福祉法人　○○○

　理事長　○○　○○　殿

○○○都道府県知事

又は

○○○市市長

承認社会福祉充実計画終了承認通知書

　平成○年○月○日付け（文書番号）により、貴法人より申請のあった社会福祉充実計画の終了については、社会福祉法第５５条の４の規定に基づき、承認することとしたので通知する。

資料：事務処理基準通知の別紙7

第 3 章

# 「社会福祉充実財産」の理解と
# 充実残額算定の課題

## 1. 社会福祉充実残額は生じなくて良かったのか？

　充実残額は、社会福祉法人制度改革で「財務規律の強化」において、いわゆる内部留保を明確化するものとして位置づけられた。その背景には社会福祉法人の内部留保批判があった。その議論においては、社会福祉法人が非営利で公益性の高い法人であるにもかかわらず、営利企業と同じように収支差を上げていることに対する「儲けすぎ」、「ため込みすぎ」だとの批判がされる一方で、営利・非営利を問わず事業を継続するためには必要最低限の収支差が必要であり、社会福祉法人が有する内部留保は、事業を継続するために必要最小限のものだという反論がなされた。

　当時は、全国にあるすべての社会福祉法人の決算状況がつかめていなかったため、こうした議論はごく一部のサンプルで議論された。また、事業の継続性のための必要最小限の内部留保の額をどう捉えるかについても、一般に公正妥当と認められる算定方法もなく、論者によって異なる算定方法で議論された。

　今次の充実残額の算定については、（1）すべての社会福祉法人が算定すべきこととされたこと、（2）事業継続に必要な最低限の内部留保について全国統一的な算定方法が定められたことにより、社会福祉法人の内部留保批判については、一定の結論が得られるという意味で注目すべきものだったといえる。

　平成29年12月18日の第20回社会保障審議会福祉部会において、厚生労働省は社会福祉法人制度改革の実施状況を報告した。そのなかで「社会福祉充実残額あり」の法人が全体の約12%だったことが示された（**図表32**）。このことから社会福祉法人は内部留保を有していても、事業継続に必要な財産に充てるとマイナスになるものが88%であり、かつてなされた「儲けすぎ」、「ため込みすぎ」という批判には当たらないということが示されたともいえる。

　しかしながら、法人経営の視点からは、充実残額が生じなかったということは、充実計画の策定・承認等に係る事務負担が生じなかったという面がある一方で、事業継続に必要な内部留保、すなわち建替等の事業再生産に必要となる資金すら確保されていない面があることも指摘できる。その意味では、充実残額が生じなくて良かったということには必ずしもならず、充実残額の要因分析や今後の財務戦略をどう舵を取っていくか、検討していかなければならないと考えられる。

62

第3章　「社会福祉充実財産」の理解と充実残額算定の課題

図表32　社会福祉充実財産の有無

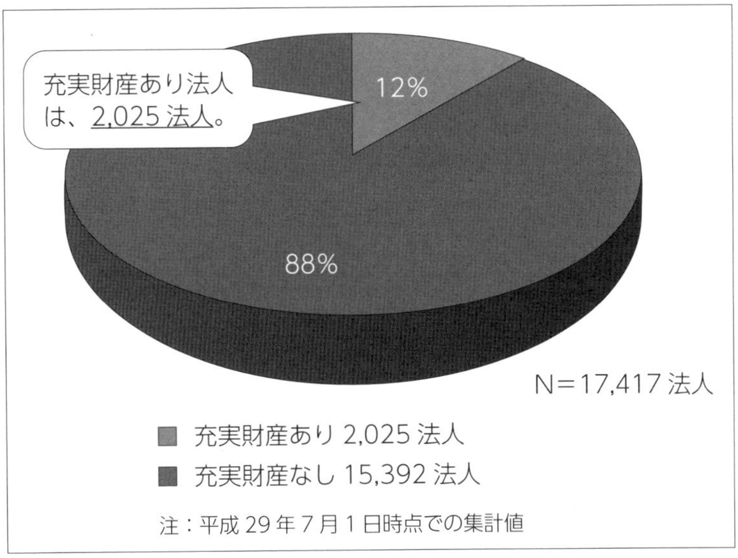

充実財産あり法人
は、2,025法人。

12%

88%

N＝17,417法人

■ 充実財産あり 2,025法人
■ 充実財産なし 15,392法人

注：平成29年7月1日時点での集計値

資料：厚生労働省「社会福祉法人制度改革の実施状況」
(平成29年12月18日第20回社会保障審議会福祉部会資料)

図表33　社会福祉充実残額算定における各種の計算特例

● 活用不動産の特例（マイナス時のゼロ見なし）
● 主として施設経営を行わない法人等における運転資金の特例（必要運転資金の年間事業活動支
出の12/12を計上）
● 自己資金比率の22％下限措置
● 建設単価のデフレーターと実際上昇率との選択適用
● 大規模修繕の必要額の特例計算

資料：事務処理基準通知に基づき筆者作成

## 2.　社会福祉充実残額は経営指標か？

　第2章2（4）でも述べたように、充実残額の算定式の考え方の基礎は会計学的に
は一定の妥当性を持つものと考えられる。

　しかしながら、社会福祉充実残額算定シートによって求められる額については、
第2章2（3）②で示した減価償却による留保資金が充実残額に混入する問題点のほ
か、算定に当たっての各種の計算特例（図表33）などによって、理論的に妥当と
される額から一定の乖離が生じている。これらのことが、施設の建替に向けての再
生産資金を棄損する等の要因ともなることから、単に充実残額がプラス・マイナス
という点にだけ注目するのではなく、その発生の要因分析を行うことが重要となる。

## 3.　社会福祉充実残額発生の傾向・要因分析

　充実残額の算定式の特性を踏まえて、どのような場合に充実残額が生じやすい傾

向にあるかなどを把握することが、充実残額の正確な理解の第一歩となる。事務処理基準通知における充実残額の算定式を踏まえ、充実残額の発生の傾向・要因をまとめると以下のとおりとなる。

## （1）減価償却の留保資金が社会福祉充実残額に混入することによる発生傾向

> ① 老朽施設を多く有している場合、社会福祉充実残額は発生する傾向
> ② 施設整備後間もない財産がある場合、社会福祉充実残額は発生しにくい傾向
> ③ 施設整備借入金の返済が終わった財産を有する場合、社会福祉充実残額は発生する傾向
> ④ 施設整備借入金元金償還金支出より正味減価償却費（減価償却費－国庫補助金等特別積立金取崩額）が大きい場合、社会福祉充実残額は発生する傾向

【要因】

　第2章2（3）②で指摘した減価償却による留保資金が充実残額に混入するため、上記の傾向が発生することとなる。すなわち毎年度のフローの減価償却による自己金融機能の額が累積し、ストックである充実残額を徐々に底上げし、最終的に充実残額をプラスに押し上げることとなる。

　混入するのは設備資金借入金の返済が終了した後の期間である場合が多く、老朽施設を多く抱える法人ではこの混入効果が生じやすい（①③）。

　逆に施設整備後間もない施設を持つ法人の場合では、減価償却による資金留保分は返済に充当されるため、資金として充実残額に混入しにくい傾向となる（②）。

　ただし、減価償却の留保資金の混入問題は法人・施設の経過年数の要因以外にもある。施設整備において借入がゼロまたは少額である場合は、返済額がゼロないし少額となるため、正味の減価償却費が返済額より大きくなる場合がある（以下の**＜式＞**を参照）。この場合は、返済期間内でも減価償却による留保資金が充実残額に混入することとなり、充実残額が発生しやすい傾向となる（④）。

＜式＞

> 現存する建物設備等の対応負債に　＜　同建物設備等に係る正味減価償却
> 係る借入金返済累計額　　　　　　　　累計額（＊）
> （＊）減価償却累計額―国庫補助金等特別積立金取崩額累計

【社会福祉充実残額の捉え方】

　充実残額が生じた法人で上記のような減価償却による留保資金が混入した場合は、当該混入した分まで充実事業に再投下してしまうと、現在の建物の建替に際して本来回収できたはずの資金が不足してしまうことが想定される。

　建替のための回収金で充実残額に混入してしまう額は次の**＜式＞**により算定される。

**＜式＞**

正味減価償却累計額（*）－対応負債返済累計額
　（*）減価償却累計額－国庫補助金等特別積立金取崩額累計

　しかしながら、現状の制度ではこの混入額を除外する手段はない。敢えていうのであれば、「活用する社会福祉充実残額の範囲の特例」（**第2章4(7)**）が適用できる事由が存在する場合なら1/2までの額として除外できる可能性はゼロではない。ただし、特に留意すべきは、本項で述べた混入額の問題は、この範囲の特例を適用する際の「合理的理由」として用いることはできないことである。
　この混入額の問題については、今後の制度の検討・改善が望まれる。

## (2) 再取得に必要な財産のベースが過小になることによる発生傾向

⑤　賃借物件がある場合、社会福祉充実残額が発生する傾向
⑥　低額譲渡や無償譲渡がある場合、社会福祉充実残額が発生する傾向
⑦　指定管理等に係る事業の財産がある場合、社会福祉充実残額が発生する傾向
⑧　施設整備に際して整備単価をきわめて低廉に抑えた場合、社会福祉充実残額が発生する傾向
⑨　他の法人から事業の委譲を受け、受領した資産価値が低廉だった場合、社会福祉充実残額が発生する傾向

**【要因】**
　充実残額は、活用可能な財産（内部留保額）から、事業継続のために必要な最小限度の財産（控除対象財産）を差し引いて求めることとされている。この控除対象財産のうち、再取得に必要な財産については、その算定の前提として、法人として施設を所有する一般的なケースが想定されており、算定方法も減価償却累計額が計算の基礎に置かれている。
　しかしながら、たとえば近年は次のようなケースも生じている。
　ア）法人の基本財産の自己所有規制も一定程度緩和され、賃借物件での事業実施のケースも存在し、これらの施設に係る減価償却累計額がほとんどないようなケースが存在する。
　イ）公立の社会福祉施設の民間委譲を受けた場合や他の法人の実施していた事業の委譲を受けた場合で、当該事業に係る施設が無償又は低額譲渡で引き継がれたときは、これらの施設に係る減価償却累計額がきわめて少額であるようなケースが存在する。
　ウ）公立施設で指定管理等によって社会福祉法人に事業実施が委ねられている場合、当該事業に係る資産が法人の財産には帰属せず、従ってこれらの事業に係る減価償却累計額がほとんどないようなケースが存在する。

エ）一方、事業用資産が法人の自己所有であっても、当初の施設整備を大幅に低廉な額で整備できた場合、事業資産簿価も低額になり、減価償却累計額が低めとなる場合も存在する。

これらは、いずれも再取得に必要な財産を算定する基礎となる減価償却累計額がないか、もしくは低額となり、控除対象財産として差し引く額もゼロないしはきわめて少額となる可能性が高い。

その結果、通常の施設を所有する法人のケースと比較して、充実残額が過大な額となって算定されてしまう可能性がある。

【社会福祉充実残額の捉え方】

法人の実施事業の大半が上記の賃借物件等であるような場合は、上述のように控除対象財産が少額になる可能性が高い一方で、**第2章3（2）⑤**で述べた「主として施設・事業所の経営を目的としない法人等の特例」（次項）が適用される可能性も高くなる。

この特例が適用される場合は、控除対象財産（再取得に必要な額）の算定の基礎である減価償却累計額が少額に算定されたとしても、この特例に該当させることにより、充実残額が生じない傾向となる可能性もある。

## (3) 各種計算特例による発生傾向

> ⑩　主として施設の経営を目的としない法人等の計算特例等の各種特例計算を適用した場合、社会福祉充実残額は発生しにくくなる傾向

【要因】

充実残額の算定プロセスでは、各種の算定方法の特例が存在する（**図表33**）。これらは多くの場合、控除対象財産を大きくする傾向が指摘され、結果として充実残額は発生しにくくなる傾向が考えられる。

【社会福祉充実残額の捉え方】

充実残額の算定は、社会福祉充実残額算定シートで自動的に計算される。このため自らの法人が算定にあたり適用された特例がどのようなものなのかは把握しにくい。参考までに**図表34**において、社会福祉充実残額算定シートにおいて特例計算の判定がなされている箇所とその計算式を表記しておく。

なお、平成30年度版の社会福祉充実残額算定シートより、計算の特例の適用に該当した場合であっても、特例を適用しなかった場合の算定結果の確認と、特例を適用しないという選択ができるようシートの設定が変更された。

**図表34　社会福祉充実残額算定シートにおける特例計算を行っている箇所**

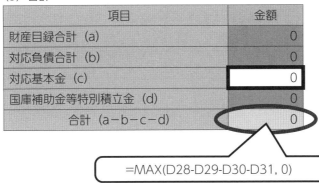

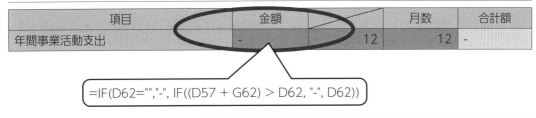

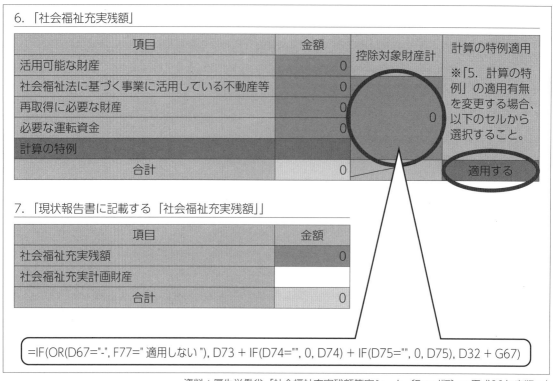

資料：厚生労働省「社会福祉充実残額算定シート〔Excel版〕≪平成30年度版≫」

## (4) その他

⑪ 事業用不動産等に対して設備資金借入金の割合が少ない場合、社会福祉充実残額は発生する傾向

【要因】
　充実残額の算定過程において、社会福祉法に基づく事業に活用している不動産等（事業用不動産額）が控除対象財産として差し引かれる。事業用不動産は固定資産等の額から対応基本金・対応国庫補助金等特別積立金・対応負債を差し引いて求める。
　このなかで対応負債については、たとえば法人の財務政策等として負債の早期返済を進めた場合（繰上償還など）、事業用不動産の額はその分大きな額となり、事業用不動産が大きくなると充実残額が生じにくくなる傾向が指摘される。

【社会福祉充実残額の捉え方】
　繰上償還によって設備資金借入金の残高が減少ないしゼロになると、上述したように減価償却の自己金融機能に基づいて留保される資金の混入効果が増大し、充実残額がかえって生じやすくなる傾向も想定される。このため設備資金借入金の繰上償還は、充実残額の発生にプラス・マイナスの両面で作用し、繰上償還を行った年

度では充実残額が発生しにくくなったとしても、翌年度以降は逆に充実残額が発生しやすい財務内容となってしまう可能性があることには留意が必要である。

# 4. まとめ

## (1) 社会福祉充実残額の算定式の会計学的な妥当性

事務処理基準通知で示されている充実残額の算定式については、基本においては会計学的に妥当性のあるアプローチがなされている。

しかし、算定のなかには①減価償却による投下資金回収の部分まで充実残額に混入してしまうという構造をもっていること、②各種の計算上の特例ないしは選択可能な複数の算定方法が存在するなどの特性があること、を理解しておくことが重要である。

## (2) 社会福祉充実残額と再投下・再生産ポテンシャル

特例を適用せず、減価償却による投下回収資金の混入分も除外し、元に戻した形で「修正版の社会福祉充実残額」を計算できれば、それが法人の理論上考えられる再投下（財務余力）のポテンシャル（潜在力）もしくは再生産（建替）のポテンシャルだと見ることもできる。

ただし、この再投下・再生産ポテンシャルは、理論上考えられるギリギリの再生産余力だけしか考慮せず、残りは再投下に回してしまうことになるため、想定されない経営リスクに対応するための内部留保のリスクバッファー機能はまったく考慮されないものとなる。したがって、実際の法人経営としては実際にこのポテンシャルいっぱいまで再投下することは推奨されない。あくまで法人の財務内容の課題や位置づけを把握する「評価尺度」程度に考えるべきだと思料される。

この再投下ポテンシャルの算定は、事務処理基準通知の算定式に基づいて計算された実際の充実残額がマイナスの場合に、そのマイナスの意味、自法人の財政状態を把握する際に有効だと考えられる。

一般に社会福祉充実残額がマイナスの場合は、内部留保では再生産に必要な財産が賄えない状態とも評価される。ただし、この評価については、通知の算定式における各種の計算特例や減価償却の自己金融機能による回収資金の混入がノイズとなる可能性があるため、いったんこうしたノイズを外した状態で自法人の財政余力がどうかを確認することが考えられる。ノイズを外して算定しても、なお算定結果がマイナスだった場合は、少なくとも理論上は建替・再生産にむけて必要な財務余力に実際の内部留保が届いていない、不足している状態だということになる。

## (3) 社会福祉法人の経営リスクと社会福祉充実残額

社会福祉法人の事業は、国民のセーフティネットを支える事業として、事業経営の永続性・安定性が何より求められる。他方、社会福祉法人の事業運営費の大多数

図表35　社会福祉充実残額と再投下（再生産）ポテンシャル

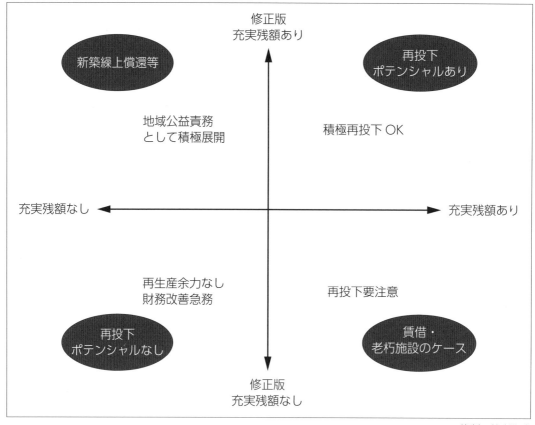

資料：筆者作成

は公費等に基づくものであり、一般産業のように自助努力により飛躍的に売上等を伸ばすことができない特殊性も抱えている。そうしたなかで、多額の事業用資産を投下し、その投下資金の回収を図りながら建替という経営リスクを乗り切っていくことが求められ、その意味で、社会福祉法人にとって再生産リスクは主要な経営リスクと捉えることができる。一方、今次制度化された充実残額の算定については、統一した算定ルールの下で内部留保を活用した再投下可能額（社会福祉充実残額）を見極めるという側面がある一方で、建替等に向けた再生産余力の有無を評価するという側面もあり、社会福祉法人の経営リスクを見える化した画期的な制度だということもできよう。

### (4) 社会福祉充実残額の活用

　厚生労働省の調べによると平成28会計年度を基準年度として算定された充実残額については、調査対象の法人の12%がプラスだったとされる。残り88%は充実残額がマイナスだったということになり、内部留保批判はおろか、再生産に必要な財産すら社会福祉法人は有していないとも解釈できる状況にある。充実残額の算定にはいくつかのノイズやバイアス要因が指摘された。それらを除外した「修正版社

会福祉充実残額（上記の再生産ポテンシャル）」を法人の独自の経営管理目的として算定・活用していくことで、法人の新たな中長期の永続性・安定性に係る経営管理指標ともなりうるし、マクロ的に集計・分析すれば制度としての社会福祉法人が置かれた問題状況も解明することができるのではないかと思料される。本制度の今後の更なる運用の改善や活用を期待したい。

第 4 章

# 資 料 編

1．社会福祉法第55条の2の規定に基づく社会福祉充実計画の承認等について（平成
　29年1月24日　雇児発0124第1号、社援発0124第1号、老発0124第1号）……… 74

2．「「社会福祉充実計画の承認等に係る事務処理基準」に基づく別に定める単価等に
　ついて」の一部改正について（平成30年1月23日　社援基発0123第2号）…… 128

3．「社会福祉充実計画の承認等に係る事務処理基準」に基づく別に定める単価等に
　ついて（平成29年1月24日　社援基発0124第1号）……………………………… 132

4．「社会福祉充実計画の承認等に関するQ＆A（vol. 3）」について（平成30年1月
　23日　事務連絡）………………………………………………………………………… 133

5．社会福祉法人による「地域における公益的な取組」の推進について（平成30年1
　月23日　社援基発0123第1号）……………………………………………………… 177

73

雇児発０１２４第１号
社援発０１２４第１号
老　発０１２４第１号
平成２９年１月２４日

都道府県知事
各　　指定都市市長　　殿
中核市市長

厚生労働省雇用均等・児童家庭局長
（　公　印　省　略　）

厚生労働省社会・援護局長
（　公　印　省　略　）

厚生労働省老健局長
（　公　印　省　略　）


社会福祉法第５５条の２の規定に基づく社会福祉充実計画の承認等について


　社会福祉法等の一部を改正する法律（平成２８年法律第２１号）による改正後の社会福祉法（昭和２６年法律第４５号）第５５条の２の規定に基づき、平成２９年４月１日以降、社会福祉法人は、毎会計年度、その保有する財産について、事業継続に必要な財産を控除した上、再投下可能な財産（以下「社会福祉充実残額」という。）を算定しなければならないこととされている。

　さらに、その結果、社会福祉充実残額が生じる場合には、社会福祉法人は、社会福祉充実計画を策定し、これに従って、地域の福祉ニーズ等を踏まえつつ、当該残額を計画的かつ有効に再投下していく必要がある。

　今般、社会福祉法人並びに都道府県及び市（特別区を含む。以下同じ。）における社会福祉充実残額の算定及び社会福祉充実計画の策定等に係る事務処理については、社会福祉法等の一部を改正する法律の施行に伴う厚生労働省関係省令の整備等に関する省令（平成２８年第１６８号）による改正後の社会福祉法施行規則（昭和２６年厚生省令第２８号）第

６条の１３から第６条の２２までの規定のほか、別添の「社会福祉充実計画の承認等に係る事務処理基準」によることとし、平成２９年４月１日から適用することとしたので、ご了知の上、管内市区町村（指定都市及び中核市を除く。）及び社会福祉法人等関係各方面に周知願いたい。

　なお、平成２９年度に社会福祉充実計画の承認を受ける場合の平成２８年度中に行われる準備行為については、本通知の内容に則り行われる必要があるので、ご留意願いたい。

　また、本通知は、地方自治法（昭和２２年法律第６７号）第２４５条の９第１項及び第３項の規定に基づく都道府県及び市が法定受託事務を処理するに当たりよるべき基準として発出するものであることを申し添える。

社会福祉充実計画の承認等に係る事務処理基準

1. 社会福祉充実残額の算定及び社会福祉充実計画の策定の趣旨

　　社会福祉法人（以下「法人」という。）の今日的な意義は、社会福祉事業や公益事業に係る福祉サービスの供給・確保の中心的役割を果すことのみならず、他の事業主体では対応できない様々な福祉ニーズを充足することにより、積極的に地域社会に貢献していくことにある。

　　したがって、国民の税や保険料を原資とする介護報酬や措置費、委託費等により、事業を運営している法人の公益的性格に照らせば、地域や利用者の福祉ニーズを的確に把握し、既存の社会福祉事業又は公益事業を充実させていくとともに、自ら提供するサービスの質を高めていくことが求められる。

　　また、地域の福祉ニーズに対応したサービスが不足する場合には、既存の社会福祉制度の枠組みの内外を問わず、新たなサービスを積極的に創出していくことが求められるものである。

　　このような中、これまでの法人制度においては、法人が保有する財産の分類や取扱いに係るルールが必ずしも明確でなく、公益性の高い非営利法人として、これらの財産の使途等について明確な説明責任を果たすことが困難であった。

　　このため、平成２８年に成立した社会福祉法等の一部を改正する法律（平成２８年法律第２１号）による改正後の社会福祉法（昭和２６年法律第４５号。以下「法」という。）においては、平成２９年４月１日以降、法人は、毎会計年度、貸借対照表の資産の部に計上した額から負債の部に計上した額を控除して得た額が事業継続に必要な財産額（以下「控除対象財産」という。）を上回るかどうかを算定しなければならないこととされている。

　　さらに、これを上回る財産額（以下「社会福祉充実残額」という。）がある場合には、社会福祉充実残額を財源として、既存の社会福祉事業若しくは公益事業の充実又は新規事業の実施に関する計画（以下「社会福祉充実計画」という。）を策定し、これに基づく事業（以下「社会福祉充実事業」という。）を実施しなければならないこととなる。

　　このような観点から、社会福祉充実残額の算定に当たって必要となる控除対象財産の範囲については、各法人間において客観的かつ公平なルールとなるよう、これを明確化するものである。

また、社会福祉充実残額が生じる場合、法人は、社会福祉充実計画を策定し、これに従って社会福祉充実事業を実施しなければならないこととなるが、これは、社会福祉充実残額が主として税金や保険料といった公費を原資とするものであることから、法人がその貴重な財産を地域住民に改めて還元するのみならず、社会福祉充実計画の策定プロセスを通じ、その使途について、国民に対する法人の説明責任の強化を図るために行うものである。


２．社会福祉充実計画の策定の流れ
　社会福祉充実計画は、原則として、次の流れに沿って策定する。

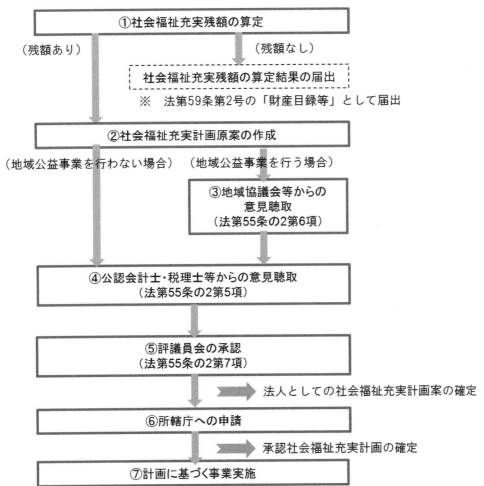

　なお、④の意見聴取に当たっては、監事監査の終了後とするなど、決算が明確となった段階で行うものとする。

また、社会福祉充実残額の算定は、毎会計年度行わなければならないものであるとともに、当該算定の結果、社会福祉充実残額が生じ、社会福祉充実計画を策定する場合にあっては、これら一連の作業を決算の時期に併せて行わなければならないものである。


３．控除対象財産の範囲と社会福祉充実残額の算定（法第５５条の２第１項及び社会福祉法等の一部を改正する法律の施行に伴う厚生労働省関係省令の整備等に関する省令（平成２８年第１６８号）による改正後の社会福祉法施行規則（昭和２６年厚生省令第２８号。以下「規則」という。）第６条の１４関係）

（１）控除対象財産の基本的な考え方

　　　「控除対象財産」は、事業継続に最低限必要な財産を明確化する観点から、法人が現に社会福祉事業や公益事業、収益事業（以下「社会福祉事業等」という。）に活用している不動産等や、建替・設備更新の際に必要となる自己資金、運転資金に限定する。

第4章　資料編

（２）社会福祉充実残額の算定式

　　社会福祉充実残額は、次の計算式により算定すること。

---

（計算式）

社会福祉充実残額　＝　①「活用可能な財産」－（②「社会福祉法に基づく事業
　　に活用している不動産等」＋③「再取得に必要な財産」＋④「必要な運転資金」）

①　活用可能な財産　＝　資産－負債－基本金－国庫補助金等特別積立金

②　「社会福祉法に基づく事業に活用している不動産等」　＝　財産目録により特定
　　した事業対象不動産等に係る貸借対照表価額の合計額〇円－対応基本金〇円－
　　国庫補助金等特別積立金〇円－対応負債〇円

③　「再取得に必要な財産」　＝
　　【ア　将来の建替に必要な費用】
　　　（建物に係る減価償却累計額〇円×建設単価等上昇率）×一般的な自己資金
　　　比率（％）
　　【イ　建替までの間の大規模修繕に必要な費用】
　　＋　（建物に係る減価償却累計額〇円×一般的な大規模修繕費用割合（％））－過
　　　去の大規模修繕に係る実績額〇円
　　（注１）過去の大規模修繕に係る実績額が不明な法人の特例（（５）の⑤参照。）
　　【ウ　設備・車両等の更新に必要な費用】
　　＋　減価償却の対象となる建物以外の固定資産（②において財産目録で特定したも
　　　のに限る。）に係る減価償却累計額の合計額〇円

④　「必要な運転資金」　＝　年間事業活動支出の３月分〇円
（注２）主として施設・事業所の経営を目的としていない法人等の特例（（７）参照。）

---

　　なお、上記の計算の過程において１円未満の端数が生じる場合には、これを切り捨
てるとともに、最終的な計算の結果において１万円未満の端数が生じる場合には、こ
れを切り捨てること。

　　このため、社会福祉充実残額が０円以下である場合には、社会福祉充実計画の策定
は不要となるが、１万円以上である場合には、原則として当該計画を策定し、４から
８までに掲げる手続を経た上で、当該計画に基づき、社会福祉充実事業を行うことが
必要であること。

ただし、当該計画の策定に係る費用が社会福祉充実残額を上回ることが明らかな場合には、当該費用により社会福祉充実残額を費消し、事実上、社会福祉充実事業の実施が不可能であることから、当該計画を策定しないことができること。

　　また、上記計算式の各種指標については、別途（独）福祉医療機構に構築することとしている「社会福祉法人の財務諸表等電子開示システム」（以下「電子開示システム」という。）によるデータ等を踏まえ、毎年度検証を行い、その結果、必要に応じて見直しを行うものであること。

（３）「活用可能な財産」の算定（法第５５条の２第１項第１号及び規則第６条の１４第１項第１号関係）

　　「活用可能な財産」は、法人単位の貸借対照表から、次のとおり算定すること。

| 資産の部 | | | | 負債の部 | | | |
|---|---|---|---|---|---|---|---|
| | 当年度末 | 前年度末 | 増減 | | 当年度末 | 前年度末 | 増減 |
| 流動資産 | | | | 流動負債 | | | |
| 　現金預金 | | | | 　短期運営資金借入金 | | | |
| 　有価証券 | | | | 　事業未払金 | | | |
| 　事業未収金 | | | | 　その他の未払金 | | | |
| 　未収金 | | | | 　支払手形 | | | |
| 　未収補助金 | | | | 　役員等短期借入金 | | | |
| 　未収収益 | | | | 　１年以内返済予定設備資金借入金 | | | |
| 　受取手形 | | | | 　１年以内返済予定長期運営資金借入金 | | | |
| 　貯蔵品 | | | | 　１年以内返済予定リース債務 | | | |
| 　医薬品 | | | | 　１年以内返済予定役員等長期借入金 | | | |
| 　診療・療養等材料費 | | | | 　１年以内支払予定長期未払金 | | | |
| 　給食用材料 | | | | 　未払費用 | | | |
| 　商品・製品 | | | | 　預り金 | | | |
| 　仕掛品 | | | | 　職員預り金 | | | |
| 　原材料 | | | | 　前受金 | | | |
| 　立替金 | | | | 　前受収益 | | | |
| 　前払金 | | | | 　仮受金 | | | |
| 　前払費用 | | | | 　賞与引当金 | | | |
| 　１年以内回収予定長期貸付金 | | | | 　その他の流動負債 | | | |
| 　短期貸付金 | | | | | | | |
| 　仮払金 | | | | | | | |
| 　その他の流動資産 | | | | | | | |
| 　徴収不能引当金 | | | | | | | |
| 固定資産 | | | | 固定負債 | | | |
| 　基本財産 | | | | 　設備資金借入金 | | | |
| 　　土地 | | | | 　長期運営資金借入金 | | | |
| 　　建物 | | | | 　リース債務 | | | |
| 　　定期預金 | | | | 　役員等長期借入金 | | | |

| 投資有価証券 | | | | 退職給付引当金 | | | |
| --- | --- | --- | --- | --- | --- | --- | --- |
| | | | | 長期未払金 | | | |
| | | | | 長期預り金 | | | |
| その他の固定資産 | | | | その他の固定負債 | | | |
| 土地 | | | | | | | |
| 建物 | | | | 負債の部合計 | Ⓑ | | |
| 構築物 | | | | 純資産の部 | | | |
| 機械及び装置 | | | | 基本金 | Ⓒ | | |
| 車両運搬具 | | | | 国庫補助金等特別積立金 | Ⓓ | | |
| 器具及び備品 | | | | その他の積立金 | | | |
| 建設仮勘定 | | | | ○○積立金 | | | |
| 有形リース資産 | | | | 次期繰越活動増減差額 | | | |
| 権利 | | | | （うち当期活動増減差額） | | | |
| ソフトウェア | | | | | | | |
| 無形リース資産 | | | | | | | |
| 投資有価証券 | | | | | | | |
| 長期貸付金 | | | | | | | |
| 退職給付引当資産 | | | | | | | |
| 長期預り金積立資産 | | | | | | | |
| ○○積立資産 | | | | | | | |
| 差入保証金 | | | | | | | |
| 長期前払費用 | | | | | | | |
| その他の固定資産 | | | | 純資産の部合計 | | | |
| 資産の部合計 | Ⓐ | | | 負債及び純資産の部合計 | | | |

※　「活用可能な財産」＝Ⓐ－Ⓑ－Ⓒ－Ⓓ

　なお、この計算の結果が０以下となる場合については、社会福祉充実残額が生じないことが明らかであることから、以降の計算は不要であること。

（４）「社会福祉法に基づく事業に活用している不動産等」の算定（規則第６条の１４第１項第１号関係）

① 基本的な考え方

　「社会福祉法に基づく事業に活用している不動産等」として控除対象となる財産は、法人が現に実施する社会福祉事業等に、直接又は間接的に供与されている財産であって、当該財産がなければ事業の実施に直ちに影響を及ぼし得るものとする。

　一方、法人が実施する社会福祉事業等の実施に直ちに影響を及ぼさない財産については、控除対象とはならない。

こうした基本的な考え方の下、具体的な内容については、原則として、次表に掲げるとおりであること。

（◎：控除対象となるもの、○：社会福祉事業等の用に供されるものに限り、控除対象となるもの、－：控除対象とはならないもの）

| ＜資産の部＞ | | | 控除対象の判別 | 理由・留意事項等 |
|---|---|---|---|---|
| 大区分 | 中区分 | 勘定科目の内容 | | |
| 流動資産 | 現金預金 | 現金（硬貨、小切手、紙幣、郵便為替証書、郵便振替貯金払出証書、官公庁の支払通知書等）及び預貯金（当座預金、普通預金、定期預金、郵便貯金、金銭信託等）をいう。 | － | 最終的な使途目的が不明確な財産となることから控除対象とはならない。 |
| | 有価証券 | 国債、地方債、株式、社債、証券投資信託の受益証券などのうち時価の変動により利益を得ることを目的とする有価証券をいう。 | － | |
| | 事業未収金 | 事業収益に対する未収入金をいう。 | － | |
| | 未収金 | 事業収益以外の収益に対する未収入金をいう。 | － | |
| | 未収補助金 | 施設整備、設備整備及び事業に係る補助金等の未収額をいう。 | ◎ | 社会福祉事業等の用に供されることが明らかに見込まれることから、控除対象となる。 |
| | 未収収益 | 一定の契約に従い、継続して役務の提供を行う場合、すでに提供した役務に対していまだその対価の支払を受けていないものをいう。 | － | 最終的な使途目的が不明確な財産となることから控除対象とはならない。 |
| | 受取手形 | 事業の取引先との通常の取引に基づいて発生した手形債権（金融手形を除く）をいう。 | － | |
| | 貯蔵品 | 消耗品等で未使用の物品をいう。業種の特性に応じ小区分を設けることができる。 | ○ | 社会福祉事業等の用に供されるものに限り、控除対象となる。 |
| | 医薬品 | 医薬品の棚卸高をいう。 | ◎ | 社会福祉事業等の用に供されることが明らかに見込まれることから、控除対象となる。 |
| | 診療・療養費等材料 | 診療・療養費等材料の棚卸高をいう。 | ◎ | |
| | 給食用材料 | 給食用材料の棚卸高をいう。 | ◎ | |
| | 商品・製品 | 売買又は製造する物品の販売を目的として所有するものをいう。 | ◎ | |
| | 仕掛品 | 製品製造又は受託加工のために現に仕掛中のものをいう。 | ◎ | |
| | 原材料 | 製品製造又は受託加工の目的で消費される物品で、消費されていないものをいう。 | ◎ | |

| | | | |
|---|---|---|---|
| 立替金 | 一時的に立替払いをした場合の債権額をいう。 | — | 最終的な使途目的が不明確な財産となることから控除対象とはならない。 |
| 前払金 | 物品等の購入代金及び役務提供の対価の一部又は全部の前払額をいう。 | 〇 | 社会福祉事業等の用に供されるものに限り、控除対象となる。 |
| 前払費用 | 一定の契約に従い、継続して役務の提供を受ける場合、いまだ提供されていない役務に対し支払われた対価をいう。 | ◎ | 費用化されるため、控除対象となる。 |
| 1年以内回収予定長期貸付金 | 長期貸付金のうち貸借対照表日の翌日から起算して1年以内に入金の期限が到来するものをいう。 | ◎ | 社会福祉事業等の用に供されることが明らかに見込まれることから、控除対象となる。 |
| 1年以内回収予定事業区分間長期貸付金 | 事業区分間長期貸付金のうち貸借対照表日の翌日から起算して1年以内に入金の期限が到来するものをいう。 | | 法人全体の貸借対照表には計上されない。 |
| 1年以内回収予定拠点区分間長期貸付金 | 拠点区分間長期貸付金のうち貸借対照表日の翌日から起算して1年以内に入金の期限が到来するものをいう。 | | |
| 短期貸付金 | 生計困窮者に対して無利子または低利で資金を融通する事業、法人が職員の質の向上や福利厚生の一環として行う奨学金貸付等、貸借対照表日の翌日から起算して1年以内に入金の期限が到来するものをいう。 | ◎ | 社会福祉事業等の用に供されることが明らかに見込まれることから、控除対象となる。 |
| 事業区分間貸付金 | 他の事業区分への貸付額で、貸借対照表日の翌日から起算して1年以内に入金の期限が到来するものをいう。 | | 法人全体の貸借対照表には計上されない。 |
| 拠点区分間貸付金 | 同一事業区分内における他の拠点区分への貸付額で、貸借対照表日の翌日から起算して1年以内に入金の期限が到来するものをいう。 | | |
| 仮払金 | 処理すべき科目又は金額が確定しない場合の支出額を一時的に処理する科目をいう。 | 〇 | 社会福祉事業等の用に供されるものに限り、控除対象となる。 |
| その他の流動資産 | 上記に属さない債権等であって、貸借対照表日の翌日から起算して1年以内に入金の期限が到来するものをいう。ただし、金額の大きいものについては独立の勘定科目を設けて処理することが望ましい。 | 〇 | |

| | | | | |
|---|---|---|---|---|
| | 徴収不能引当金 | 未収金や受取手形について回収不能額を見積もったときの引当金をいう。 | | 資産から控除済。 |
| 固定資産（基本財産） | 土地 | 基本財産に帰属する土地をいう。 | ◎ | 社会福祉事業等の用に供されることが明らかに見込まれることから、控除対象となる。 |
| | 建物 | 基本財産に帰属する建物及び建物付属設備をいう。 | ◎ | |
| | 定期預金 | 定款等に定められた基本財産として保有する定期預金をいう。 | ○ | 法人設立時に必要とされたものに限り、控除対象となる。（注1） |
| | 投資有価証券 | 定款等に定められた基本財産として保有する有価証券をいう。 | ○ | |
| 固定資産（その他の固定資産） | 土地 | 基本財産以外に帰属する土地をいう。 | ○ | 社会福祉事業等の用に供されるものに限り、控除対象となる。（注2） |
| | 建物 | 基本財産以外に帰属する建物及び建物付属設備をいう。 | ○ | |
| | 構築物 | 建物以外の土地に固着している建造物をいう。 | ○ | 社会福祉事業等の用に供されるものに限り、控除対象となる。 |
| | 機械及び装置 | 機械及び装置をいう。 | ○ | |
| | 車輌運搬具 | 送迎用バス、乗用車、入浴車等をいう。 | ○ | |
| | 器具及び備品 | 器具及び備品をいう。 | ○ | |
| | 建設仮勘定 | 有形固定資産の建設、拡張、改造などの工事が完了し稼働するまでに発生する請負前渡金、建設用材料部品の買入代金等をいう。 | ◎ | 社会福祉事業等の用に供されることが明らかに見込まれることから、控除対象となる。 |
| | 有形リース資産 | 有形固定資産のうちリースに係る資産をいう。 | ○ | 社会福祉事業等の用に供されるものに限り、控除対象となる。 |
| | 権利 | 法律上又は契約上の権利をいう。 | ○ | |
| | ソフトウェア | コンピュータソフトウェアに係る費用で、外部から購入した場合の取得に要する費用ないしは制作費用のうち研究開発費に該当しないものをいう。 | ○ | |
| | 無形リース資産 | 無形固定資産のうちリースに係る資産をいう。 | ○ | |
| | 投資有価証券 | 長期的に所有する有価証券で基本財産に属さないものをいう。 | ― | 最終的な使途目的が不明確な財産となることから控除対象とはならない。 |
| | 長期貸付金 | 生計困窮者に対して無利子または低利で資金を融通する事業、法人が職員の質の向上や福利厚生の一環として行う奨学金貸付等、貸借対照表日の翌日から起算して入金の期限が1年を超えて到来するものをいう。 | ◎ | 社会福祉事業等の用に供されることが明らかに見込まれることから、控除対象となる。 |

| | | | |
|---|---|---|---|
| 事業区分間長期貸付金 | 他の事業区分への貸付金で貸借対照表日の翌日から起算して入金の期限が1年を超えて到来するものをいう。 | | 法人全体の貸借対照表には計上されない。 |
| 拠点区分間長期貸付金 | 同一事業区分内における他の拠点区分への貸付金で貸借対照表日の翌日から起算して入金の期限が1年を超えて到来するものをいう。 | | |
| 退職給付引当資産 | 退職金の支払に充てるために退職給付引当金に対応して積み立てた現金預金等をいう。 | | 負債から控除済。 |
| 長期預り金積立資産 | 長期預り金（注：ケアハウス等における入居者からの管理費等）に対応して積み立てた現金預金等をいう。 | | |
| ○○積立資産 | 将来における特定の目的のために積立てた現金預金等をいう。なお、積立資産の目的を示す名称を付した科目で記載する。 | ― | 使途目的の定めのない財産であることから控除対象とはならない。（注3）ただし、障害者総合支援法に基づく就労支援事業による工賃変動積立資産については、この限りではない。 |
| 差入保証金 | 賃貸用不動産に入居する際に賃貸人に差し入れる保証金をいう。 | ◎ | 社会福祉事業等の用に供されることが明らかに見込まれることから、控除対象となる。 |
| 長期前払費用 | 時の経過に依存する継続的な役務の享受取引に対する前払分で貸借対照表日の翌日から起算して1年を超えて費用化される未経過分の金額をいう。 | ◎ | 費用化されるため、控除対象となる。 |
| その他の固定資産 | 上記に属さない債権等であって、貸借対照表日の翌日から起算して入金の期限が1年を超えて到来するものをいう。ただし、金額の大きいものについては独立の勘定科目を設けて処理することが望ましい。 | ○ | 社会福祉事業等の用に供されるものに限り、控除対象となる。 |

注1　基本財産のうち、土地・建物を除く定期預金及び投資有価証券については、法人設立時に必要とされた基本財産（社会福祉施設等を経営する法人にあっては、１００万円又は１，０００万円、社会福祉施設等を経営しない法人にあっては、１億円又は所轄庁が認めた額など、「社会福祉法人の認可について」（平成１２年１２月１日付け障発第８９０号、社援発第２６１８号、老発第７９４号、児発第９０８号。）等に基づき必要とされた額に限る。）の範囲内で控除対象となる。

注2　現に社会福祉事業等に活用していない土地・建物については、原則として控除対象とはならないが、社会福祉充実残額の算定を行う会計年度の翌会計年度に、具体的な活用方策が明らかな場合（翌会計年度中に社会福祉事業等に活用する建物の建設に着工する場合であって、事業開始は翌々会計年度以降となるような場合を含む。）については、この限りではない。

　　　なお、土地・建物を翌々会計年度以降に活用する場合にあっては、社会福祉充実計画において、具体的な活用方策を記載することにより、当該土地・建物を保有し、活用することが可能である。

注3　国や自治体からの補助を受け、又は寄付者等の第三者から使途・目的が明確に特定されている寄付等の拠出を受け、設置された積立資産等については、控除対象となる。

注4　損害保険金又は賠償金を受け、これを原資として建物等の現状復旧を行うための財産については、当該保険金又は賠償金の範囲で控除対象となる。

②　対応基本金及び国庫補助金等特別積立金の調整

　　控除対象財産の財源について、基本金及び国庫補助金等特別積立金により賄われている場合には、「活用可能な財産」の算定時に既に基本金及び国庫補助金等特別積立金を控除していることから、二重の控除を排除するため、当該控除対象財産額から差し引く調整を行うこと。

　　なお、対応基本金については、「社会福祉法人会計基準の制定に伴う会計処理等に関する運用上の取扱いについて」（平成２８年３月３１日付け雇児発０３３１第１５号、社援発０３３１第３９号、老発０３３１第４５号。以下「運用取扱通知」という。）の別紙３（⑥）の基本金明細書に記載される第１号基本金及び第２号基本金に係る当期末残高の合計額とすること。

③　対応負債の調整

　　控除対象財産の財源について、借入金（負債）により賄われている場合には、「活用可能な財産」の算定時に既に負債全額を控除していることから、二重の控除を排除するため、当該控除対象財産額から負債分を差し引く調整を行うこと。

　　具体的な調整方法については、貸借対照表における次の①から④までの科目の合計額（控除対象財産に明らかに対応しない負債は除く。）を、「社会福祉法に基づく事業に活用している不動産等」の合計額から差し引くこと。

| 負債の部 | |
|---|---|
| 大科目 | 中科目 |
| 流動負債 | 短期運営資金借入金<br>事業未払金<br>その他の未払金<br>支払手形<br>役員等短期借入金<br>①　１年以内返済予定設備資金借入金<br>１年以内返済予定長期運営資金借入金<br>②　１年以内返済予定リース債務<br>１年以内返済予定役員等長期借入金<br>１年以内返済予定事業区分間長期借入金<br>１年以内返済予定拠点区分間長期借入金<br>１年以内支払予定長期未払金<br>未払費用<br>預り金<br>職員預り金<br>前受金<br>前受収益<br>事業区分間借入金<br>拠点区分間借入金<br>仮受金<br>賞与引当金<br>その他の流動負債 |
| 固定負債 | ③　設備資金借入金<br>長期運営資金借入金<br>④　リース債務<br>役員等長期借入金<br>事業区分間長期借入金<br>拠点区分間長期借入金<br>退職給付引当金<br>長期未払金<br>長期預り金<br>その他の固定負債 |

　　※　「対応負債」＝①＋②＋③＋④

④　対応基本金等の調整の結果、「社会福祉法に基づく事業に活用している不動産等」の額が０未満となる場合の取扱い

　　②及び③の調整の結果が０未満となる場合については、当該調整結果にかかわらず、「社会福祉法に基づく事業に活用している不動産等」の額を０とすること。

【対応基本金及び国庫補助金等特別積立金並びに対応負債の調整の例】

| 資産の部 | 金額 | 負債の部 | 金額 |
|---|---|---|---|
| 流動資産 | | 固定負債 | |
| 　現金預金 | 20 | 　設備資金借入金 | 30 |
| 固定資産 | | 　長期運営資金借入金 | 10 |
| 　基本財産 | | 純資産の部 | |
| 　　土地 | 20 | 基本金<br>※　第3号基本金を含まない場合。 | 20 |
| 　　建物 | 60 | 国庫補助金等特別積立金 | 10 |
| | | 次期繰越活動増減差額 | 30 |

※1　本事例の場合、「社会福祉法に基づく事業に活用している不動産等」として控除対象となる額は、土地・建物価額80−対応基本金20−国庫補助金等特別積立金10−対応負債（設備資金借入金）30＝20となる。

※2　これは、「活用可能な財産」の算定に当たって、資産100−負債40−基本金20−国庫補助金等特別積立金10＝30としているが、ここから土地・建物価額80全額を控除した場合、当該価額の構成要素となっている負債、基本金及び国庫補助金相当額について二重の控除となるため、上記の調整を行うものである。

第4章　資料編

⑤　財産目録の記載方法

　　財産目録については、運用取扱通知の別紙４に従って記載すること。

　　なお、財産目録の記載に当たっては、全ての資産及び負債につき、その名称、数量、金額等を詳細に表示することが原則であるが、それらの価値が特定できるような内容とすれば足りるものであり、車輌番号や預金に関する口座番号は任意の記載として差し支えないこと。

　　財産目録の具体的な記載方法（例）は次のとおりであること。

**財　産　目　録　（記載例）**

平成 年 月 日現在

（単位：円）

→算定シートで判定（財産目録を構成しない）

（単位：円）

| 貸借対照表科目 | 場所・物量等 | 取得年度 | 使用目的等 | 取得価額 | 減価償却累計額 | 貸借対照表価額 | 控除対象 | 控除対象額 |
|---|---|---|---|---|---|---|---|---|
| Ⅰ　資産の部 | | | | | | | | |
| 1　流動資産 | | | | | | | | |
| 現金預金 | | | | | | | | |
| 　現金 | 現金手許有高 | － | 運転資金として | － | － | ××× | × | |
| 　普通預金 | ○○銀行○○支店他 | － | 運転資金として | － | － | ××× | × | |
| 小計 | | | | | | ××× | | |
| 事業未収金 | | － | ○月分介護報酬等 | － | － | ××× | × | |
| ‥‥‥‥ | ‥‥‥‥‥ | － | ‥‥‥‥ | － | － | ‥‥‥‥ | | |
| 流動資産合計 | | | | | | ××× | | |
| 2　固定資産 | | | | | | | | |
| （1）　基本財産 | | | | | | | | |
| 土地 | (A拠点)○○市○○町1-1-1 | － | 第1種社会福祉事業である、○○施設等に使用している | － | | ××× | ○ | |
| | (B拠点)○○市○○町2-2-2 | － | 第2種社会福祉事業である、▲▲施設等に使用している | － | | ××× | ○ | |
| 小計 | | | | | | ××× | | |
| 建物 | (A拠点)○○市○○町1-1-1 | 19××年度 | 第1種社会福祉事業である、○○施設等に使用している | ××× | ××× | ××× | ○ | |
| | (B拠点)○○市○○町2-2-2 | 19××年度 | 第2種社会福祉事業である、▲▲施設等に使用している | ××× | ××× | ××× | ○ | |
| 小計 | | | | | | ××× | | |
| 定期預金 | ○○銀行○○支店他 | － | 寄附者により○○事業に使用することが指定されている | － | － | ××× | ○ | |
| 投資有価証券 | 第○回利付国債他 | － | 特段の指定がない | － | － | ××× | × | |
| ‥‥‥‥ | ‥‥‥‥‥ | － | ‥‥‥‥ | － | － | ‥‥‥‥ | | |
| 基本財産合計 | | | | | | ××× | | |
| （2）　その他の固定資産 | | | | | | | | |
| 土地 | (C拠点)○○市○○町3-3-3 | － | 5年後に開設する○○事業のための用地 | － | － | ××× | × | |
| | (本部拠点)○○市○○町4-4-4 | － | 本部として使用している | － | － | ××× | ○ | |
| 小計 | | | | | | ××× | | |
| 建物 | (D拠点)○○市○○町5-5-5 | 20××年度 | 第2種社会福祉事業である、訪問介護事業所に使用している | ××× | ××× | ××× | ○ | |
| 車輌運搬具 | ○○他3台 | － | 利用者送迎用 | ××× | ××× | ××× | ○ | |
| ○○積立資産 | 定期預金 ○○銀行○○支店他 | － | 将来における○○の目的のために積み立てている定期預金 | － | － | ××× | × | |
| ‥‥‥‥ | ‥‥‥‥‥ | － | ‥‥‥‥ | － | － | ‥‥‥‥ | | |
| その他の固定資産合計 | | | | | | ××× | | |
| 固定資産合計 | | | | | | ××× | | |
| 資産合計 | | | | | | ××× | | |

89

| Ⅱ 負債の部 | | | | | | |
|---|---|---|---|---|---|---|
| 1 流動負債 | | | | | | |
| 短期運営資金借入金 | ○○銀行○○支店他 | − | | | − | − | ×××  |
| 事業未払金 | ○月分水道光熱費他 | − | | | − | − | ××× |
| 職員預り金 | ○月分源泉所得税他 | − | | | − | − | ××× |
| ……… | ……… | | | | | | ……… |
| 流動負債合計 | | | | | | | ××× |
| 2 固定負債 | | | | | | | |
| 設備資金借入金 | 独立行政法人福祉医療機構他 | − | | | − | − | ××× |
| 長期運営資金借入金 | ○○銀行○○支店他 | − | | | − | − | ××× |
| ……… | | | | | | | ……… |
| 固定負債合計 | | | | | | | ××× |
| 負債合計 | | | | | | | ××× |
| 差引純資産 | | | | | | | ××× |

（記載上の留意事項）
・土地、建物が複数ある場合には、科目を拠点区分毎に分けて記載するものとする。
・同一の科目について控除対象財産に該当し得るものと、該当し得ないものが含まれる場合には、分けて記載するものとする。
・科目を分けて記載した場合は、小計欄を設けて、「貸借対照表価額」欄と一致させる。
・「使用目的等」欄には、社会福祉法第55条の2の規定に基づく社会福祉充実残額の算定に必要な控除対象財産の判定を行うため、各資産の使用目的を簡潔に記載する。
　なお、負債については、「使用目的等」欄の記載を要しない。
・「貸借対照表価額」欄は、「取得価額」欄と「減価償却累計額」欄の差額と同額になることに留意する。
・建物についてのみ「取得年度」欄を記載する。
・減価償却資産（有形固定資産に限る）については、「減価償却累計額」欄を記載する。なお、減価償却累計額には、減損損失累計額を含むものとする。
　また、ソフトウェアについては、取得価額から貸借対照表価額を控除して得た額を「減価償却累計額」欄に記載する。
・車輌運搬具の○○には会社名と車種を記載すること。車輌番号は任意記載とする。
・預金に関する口座番号は任意記載とする。

（5）「再取得に必要な財産」の算定（規則第6条の14第1項第2号関係）
　①　基本的な考え方
　　　社会福祉施設等の「再取得に必要な財産」については、現に事業に活用している建物・設備等と同等のものを将来的に更新することを前提としつつ、建物については、建設当時からの建設資材や労務費の変動等を考慮した建設単価等上昇率を勘案した上で必要額を控除する。
　　　また、建替費用は、補助金、借入金、自己資金（寄付金を含む。以下同じ。）により構成されるが、当該自己資金相当額については、基本的には、毎会計年度計上される減価償却費相当額が財源となることが想定される。
　　　このため、建物の建替に必要な財産の算定に当たっては、直近の補助金や借入金の水準を勘案した一般的な自己資金比率を設定し、これに減価償却累計額を乗じて得た額を基本とする。
　　　また、当該財産は、建物の経過年数に応じて必要な財産額を算定する必要があるため、独立した建物単位で算定し、これらを法人全体で合算するものとする。
　②　減価償却累計額について
　　　減価償却累計額は、減価償却期間満了後の額ではなく、社会福祉充実残額を算定する各会計年度末において、既に計上された減価償却費の累計額とすること。
　　　また、減価償却累計額は、建物の建設時からの経過年数に応じて異なるものであることから、独立した建物単位で算定し、それぞれ次の③及び④に掲げる割合を乗じること。

なお、建物に係る減価償却の計算に当たって必要となる耐用年数については、原則として、「減価償却資産の耐用年数等に関する省令」（昭和40年大蔵省令第15号）によること。

③　建設単価等上昇率について

建設単価等上昇率については、別に通知する国土交通省が公表する建設工事費デフレーターによる上昇率又は次の計算式による割合のいずれか高い割合により算定すること。

（計算式）

別に定める1㎡当たりの建設等単価÷当該建物の建設時における1㎡当たりの建設単価（当該建物の建設時の取得価額÷当該建物の建設時における延べ床面積）（小数点第4位を四捨五入すること。）

④　一般的な自己資金比率について

一般的な自己資金比率については、別に定める割合を乗じて算定すること。

ただし、現に社会福祉事業等に活用している建物について、建設時における自己資金比率が一般的な自己資金比率を上回る場合には、次の計算式により得た割合とすることができること。

（計算式）

当該建物の建設に係る自己資金額÷当該建物の建設時の取得価額（小数点第4位を四捨五入すること。）

また、既存建物を取得した場合については、当該建物の取得時における自己資金比率が、一般的な自己資金比率以下である場合にあっては一般的な自己資金比率と、一般的な自己資金比率を上回る場合にあっては当該建物の取得時における自己資金比率とすることができること。

⑤　大規模修繕に必要な費用について

大規模修繕に必要な費用については、原則として、独立した建物ごとの減価償却累計額に、別に定める割合を乗じて得た額から、過去の大規模修繕に係る実績額を控除し、これらを法人全体で合算して得た額（当該計算の結果が0未満となる場合については、0とすること。）とすること。

ただし、これまでの大規模修繕に係る実績額が不明な場合には、例外的に次の計算式により得た額とすることができること。

（計算式）

建物に係る減価償却累計額×別に定める割合×｛建物に係る貸借対照表価額÷（建物に係る貸借対照表価額＋建物に係る減価償却累計額）｝

⑥ 設備・車両等の更新に必要な費用

設備・車両等の更新に必要な費用については、（４）の算定に当たって、財産目録において特定した建物以外の固定資産に係る減価償却累計額の合計額とすること。

（６）「必要な運転資金」の算定（規則第６条の１４第１項第３号関係）

① 基本的な考え方

「必要な運転資金」については、賞与の支払いや、突発的な建物の補修工事等の緊急的な支出等に備えるための最低限の手元流動資金として、必要額を控除する。

② 年間事業活動支出の３月分について

年間事業活動支出の３月分は、次のとおり、法人単位の資金収支計算書における事業活動支出に１２分の３を乗じて得た額とすること。

| | | 勘定科目 | 予算 | 決算 | 差異 | 備考 |
|---|---|---|---|---|---|---|
| 事業活動による収支 | 収入 | 介護保険事業収入 | | | | |
| | | 老人福祉事業収入 | | | | |
| | | 児童福祉事業収入 | | | | |
| | | 保育事業収入 | | | | |
| | | 就労支援事業収入 | | | | |
| | | 障害福祉サービス等事業収入 | | | | |
| | | 生活保護事業収入 | | | | |
| | | 医療事業収入 | | | | |
| | | （何）事業収入 | | | | |
| | | （何）収入 | | | | |
| | | 借入金利息補助金収入 | | | | |
| | | 経常経費寄付金収入 | | | | |
| | | 受取利息配当金収入 | | | | |
| | | その他の収入 | | | | |
| | | 流動資産評価益等による資金増加額 | | | | |
| | | 事業活動収入計 | | | | |
| | 支出 | 人件費支出 | | | | |
| | | 事業費支出 | | | | |
| | | 事務費支出 | | | | |
| | | 就労支援事業支出 | | | | |
| | | 授産事業支出 | | | | |
| | | （何）支出 | | | | |
| | | 利用者負担軽減額 | | | | |
| | | 支払利息支出 | | | | |
| | | その他の支出 | | | | |
| | | 流動資産評価損等による資金減少額 | | | | |
| | | 事業活動支出計 | | Ⓐ | | |
| | | 事業活動資金収支差額 | | | | |

| | | | | | | |
|---|---|---|---|---|---|---|
| 施設整備等による収支 | 収入 | 施設整備等補助金収入 | | | | |
| | | 施設整備等寄付金収入 | | | | |
| | | 設備資金借入金収入 | | | | |
| | | 固定資産売却収入 | | | | |
| | | その他の施設整備等による収入 | | | | |
| | | 施設整備等収入計 | | | | |
| | 支出 | 設備資金借入金元金償還支出 | | | | |
| | | 固定資産取得支出 | | | | |
| | | 固定資産除却・廃棄支出 | | | | |
| | | ファイナンス・リース債務の返済支出 | | | | |
| | | その他の施設整備等による支出 | | | | |
| | | 施設整備等支出計 | | | | |
| | | 施設整備等資金収支差額 | | | | |
| その他の活動による収支 | 収入 | 長期運営資金借入金元金償還寄付金収入 | | | | |
| | | 長期運営資金借入金収入 | | | | |
| | | 長期貸付金回収収入 | | | | |
| | | 投資有価証券売却収入 | | | | |
| | | 積立資産取崩収入 | | | | |
| | | その他の活動による収入 | | | | |
| | | その他の活動収入計 | | | | |
| | 支出 | 長期運営資金借入金元金償還支出 | | | | |
| | | 長期貸付金支出 | | | | |
| | | 投資有価証券取得支出 | | | | |
| | | 積立資産支出 | | | | |
| | | その他の活動による支出 | | | | |
| | | その他の活動支出計 | | | | |
| | | その他の活動資金収支差額 | | | | |
| 予備費支出 | | | | | | |
| 当期資金収支差額合計 | | | | | | |
| 前期末支払資金残高 | | | | | | |
| 当期末支払資金残高 | | | | | | |

※　「年間事業活動支出の３月分」＝Ⓐ×３／１２

（７）主として施設・事業所の経営を目的としていない法人等の特例

　　主として施設・事業所の経営を目的としていない法人等であって、現に社会福祉事業等の用に供している土地・建物を所有していない、又は当該土地・建物の価額が著しく低い場合（具体的には、（５）及び（６）の算定の結果の合計額と、年間事業活動支出（（６）の②のⒶと同額とする。以下同じ。）とを比較して、当該合計額が年間事業活動支出を下回る場合とする。）の控除対象財産については、特例的な取扱いとして、将来的な事業用土地・建物の取得も考慮し、（２）の社会福祉充実残額の算定式にかかわらず、年間事業活動支出全額を控除することができること。

　　なお、この場合、（５）及び（６）の算定の結果については、控除しないこと。

（8）社会福祉充実残額の計算過程に関する書類の保存

　　社会福祉充実残額の計算過程に関する書類については、法人において、毎会計年度における最初の日から１０年間保存しておくこと。

　　ただし、社会福祉充実計画を策定する場合にあっては、当該計画の実施期間における各年度の当該書類について、計画の実施期間の満了の日から１０年間保存しておくこと。

（9）その他

　　社会福祉充実残額の算定に当たっては、法人の計算書類などから、各種数値を用いて算定する必要があるが、これらの事務処理の簡素化を図る観点から、法人においては、原則として電子開示システムに組み込まれた「社会福祉充実残額算定シート」を活用すること。

４．社会福祉充実計画原案の策定

（１）社会福祉充実計画に記載すべき内容（法第５５条の２第３項及び規則第６条の１５
　　関係）

　　　社会福祉充実計画は、3による計算の結果、社会福祉充実残額が生じた場合に限り、
　法人単位で策定しなければならないものである。

　　　また、社会福祉充実計画に記載すべき内容は、次に掲げるとおりであり、具体的な
　様式は別紙1のとおりとすること。

　①　既存事業の充実又は新規事業（社会福祉充実事業）の規模及び内容

　②　事業区域

　③　社会福祉充実事業の事業費

　④　社会福祉充実残額

　⑤　計画の実施期間

　⑥　法人名、法人の所在地、連絡先等の基本情報

　⑦　社会福祉充実残額の使途に関する検討結果

　⑧　資金計画

　⑨　公認会計士・税理士等からの意見聴取年月日

　⑩　地域協議会等の意見の反映状況

　　　（地域公益事業を実施する場合に限る。）

　⑪　計画の実施期間が５か年度を超える理由等

　　　なお、社会福祉充実計画に位置付けるべき事業の検討に当たっては、将来的な福祉・
　介護人材の確保・定着を図る観点から、職員処遇の充実を進めていくことが重要であ
　り、こうした事業の実施について可能な限り優先的に検討が行われることが望ましい
　こと。

（２）社会福祉充実計画に位置付ける事業の種類（法第５５条の２第４項及び規則第６条
　　の１６関係）

　　　社会福祉充実計画には、次に掲げる事業の全部又はいずれかを実施するための内容
　を記載すること。

　①　社会福祉事業及び法第２条第４項第４号に規定する事業に該当する公益事業

　②　地域公益事業

　③　公益事業のうち、①及び②に掲げる事業以外のもの

　　　なお、社会福祉充実計画に位置付ける事業は、①から③までに掲げる事業の順に、
　その実施について検討を行わなければならず、その検討結果については、社会福祉充
　実計画に記載することが必要であること。

また、新たな事業を実施する場合については、定款変更の有無を検討し、所轄庁とも相談の上、必要な手続を行うこと。

（3）地域公益事業について（法第55条の2第6項関係）

地域公益事業については、法第55条の2第4項第2号の規定のとおり、「日常生活又は社会生活上の支援を必要とする事業区域の住民に対し、無料又は低額な料金で、その需要に応じた福祉サービスを提供するもの」と定義されるものであり、法第26条第1項に規定する公益事業に該当するものであること。

地域公益事業の内容については、「社会福祉法人の「地域における公益的な取組」について」（平成28年6月1日付け社援基発0601第1号）を参照のこと。

（4）社会福祉充実計画の実施期間

社会福祉充実計画は、原則として、社会福祉充実残額を算定した会計年度の翌会計年度から5か年度以内の範囲で、計画策定段階における社会福祉充実残額の全額について、一又は複数の社会福祉充実事業を実施するための内容とすること。

ただし、次に掲げるような合理的な理由があると認められる場合には、当該理由を計画に記載した上で、その実施期間を10か年度以内とすることができること。

① 社会福祉充実残額の規模からして、5か年度の計画実施期間内に費消することが合理的ではない場合

② 5か年度の計画実施期間経過後に事業拡大や既存建物の建替を行うなど、5か年の計画実施期間経過後に社会福祉充実残額の使途につき、明確な事業計画が定まっている場合

また、計画の実施期間の範囲で、事業の始期（所轄庁による計画の承認日以降に限る。）や終期、実施期間（単年度又は複数年度）、各年度の事業費は、法人の任意で設定することができること。

なお、社会福祉充実計画の実施期間の満了により、所轄庁による承認の効力は失効すること。その際、実施期間の満了する会計年度の決算において、社会福祉充実残額が生じた場合には、改めて翌会計年度以降を実施期間とする社会福祉充実計画を策定し、所轄庁の承認を得る必要があること。

第4章　資料編

（5）社会福祉充実事業に活用する社会福祉充実残額の範囲の特例

　　社会福祉充実残額については、（4）のとおり、社会福祉充実計画の実施期間の範囲で、その全額を活用することを原則とするが、最初に策定する社会福祉充実計画において、社会福祉充実残額の全額を費消することが必ずしも合理的ではない場合も想定されることから、当分の間、地域の福祉ニーズを踏まえた事業規模からして、社会福祉充実残額の全額を計画実施期間内に費消することが困難な場合など、合理的な理由があると認められる場合には、当該理由を計画に記載した上で、社会福祉充実残額の概ね2分の1以上を社会福祉充実事業に充てることを内容とする計画を策定することができること。

5．社会福祉充実計画原案に係る公認会計士・税理士等への意見聴取（法第55条の2第5項及び規則第6条の17関係）

　　社会福祉充実計画原案の策定後、次に掲げる内容について、公認会計士又は税理士等の財務の専門家への意見聴取を行うこと。

①　社会福祉充実残額の算定関係

　ア　社会福祉法に基づく事業に活用している不動産等に係る控除の有無の判定

　イ　社会福祉法に基づく事業に活用している不動産等の再計算

　ウ　再取得に必要な財産の再計算

　エ　必要な運転資金の再計算

　オ　社会福祉充実残額の再計算

②　法人が行う社会福祉充実事業関係

　カ　事業費の再計算

　　また、財務の専門家とは、公認会計士、税理士のほか、監査法人、税理士法人をいうものであり、法人の会計監査人や顧問税理士、これらの資格を保有する評議員、監事等（理事長を除く。）であっても差し支えないこと。

　　なお、意見聴取の結果については、別紙2の様式例により、公認会計士又は税理士等の財務の専門家から確認書を提出させること。

　　また、当該確認書の交付日は、社会福祉充実残額を算定した会計年度に係る監事監査報告書の作成年月日以降を基本とすること。

第4章

6．社会福祉充実計画原案に係る地域協議会等への意見聴取（法第５５条の２第６項関係）

　　地域公益事業を行う社会福祉充実計画を策定する場合には、次に掲げる内容について、地域協議会等への意見聴取を行うこと。

①　　地域の福祉課題

②　　地域に求められる福祉サービスの内容

③　　自ら取り組もうとしている地域公益事業に対する意見

④　　関係機関との連携

　　なお、地域協議会については、法第５５条の２第８項において、「所轄庁は、社会福祉法人に対し、社会福祉充実計画の作成及び円滑かつ確実な実施に関し必要な助言その他の支援を行う」こととされていることを踏まえ、原則として所轄庁が体制整備を行うものであり、具体的な内容については別紙３のとおり、地域の実情に応じた体制を構築すること。


7．社会福祉充実計画案に係る評議員会の承認（法第５５条の２第７項関係）

　　５、６の手続を経て必要な意見聴取を行った社会福祉充実計画原案は、評議員会に諮り、その承認を得た上で、法人としての社会福祉充実計画案を確定すること。

　　なお、評議員会に先立って、理事会においてもその承認を得ることが必要であること。


8．社会福祉充実計画案に係る所轄庁への承認申請（法第５５条の２第１項、第２項及び第９項並びに規則第６条の１３関係）

　　評議員会の承認を得た社会福祉充実計画案は、別紙４の様式例により、社会福祉充実残額が生じた会計年度の翌会計年度の６月３０日までに、法第５９条の届出と同時に所轄庁に対して申請を行うこと。

　　所轄庁においては、法人の経営の自主性を十分に尊重するとともに、関係者への意見聴取を経て申請がなされているものであることを踏まえ、次の内容について確認を行うこと。

①　　計画案に必要事項が記載されているか。

②　　計画案の策定に当たって法において必須とされている手続が行われているか。

③　　計画案の内容に、次に掲げる視点から著しく合理性を欠く内容が含まれていないか。

　ア　社会福祉充実残額と事業の規模及び内容の整合性（法第５５条の２第９項第１号）

　イ　社会福祉事業が記載されている場合、事業区域における需要・供給の見通しとの整合性（法第５５条の２第９項第２号）

ウ　地域公益事業が記載されている場合、事業区域における需要・供給の見通しとの整合性（法第５５条の２第９項第３号）

④　計画案の内容が、申請時点における介護保険事業計画や障害福祉計画、子ども子育て支援事業計画等の行政計画との関係において、施設整備等の観点から実現不可能な内容となっていないか。

　この際、所轄庁は、社会福祉充実計画が、申請時点での法人の社会福祉充実残額の使途に関する事業計画を明らかにする趣旨であることにかんがみ、法人に対して特定の事業の実施を指導するなど、法人の自主性を阻害するようなことがあってはならず、上記の点に係る審査を経て承認を行うものとすること。

　なお、所轄庁が、社会福祉施設等の整備を行うことを内容とする社会福祉充実計画案を承認する場合については、当該計画案の承認をもって将来の施設整備費補助、事業所指定等を法人に対して確約するものではないことに留意すること。

　また、行政計画の改定等の状況の変化により、社会福祉充実計画に基づく事業の実施が困難となった場合には、当然に当該計画の変更又は終了が必要となること。


9．社会福祉充実計画に基づく事業実施（法第５５条の２第１１項関係）

　所轄庁の承認を得た後、法人は、承認社会福祉充実計画に従って事業を実施しなければならないこと。

　なお、社会福祉充実事業の開始時期については、所轄庁の承認日以降とすること。

　また、承認社会福祉充実計画に従って事業を実施することが困難となった場合には、１０又は１１に記載のとおり、当該計画の変更又は終了手続を行うこと。


１０．社会福祉充実計画の変更（法第５５条の３及び規則第６条の１８から第６条の２０まで関係）

　社会福祉充実計画の変更を行う場合については、軽微な変更を行う場合を除き、別紙５の様式例により、所轄庁に対して変更承認の申請を行うこと。

　社会福祉充実計画の変更承認の申請を行う場合の手続は、３から８までに掲げる手続を改めて行う必要があるので留意すること。

　また、社会福祉充実計画について、軽微な変更を行う場合については、別紙６の様式例により、所轄庁に届出を行うこと。

なお、社会福祉充実計画は、承認申請時点における将来の社会福祉充実残額の使途を明らかにするという趣旨のものであることから、社会福祉充実残額の増減のみを理由に変更を行うことは要しないが、計画上の社会福祉充実残額と、毎会計年度における社会福祉充実残額に大幅な乖離が生じた場合には、再投下可能な事業費にも大きな影響を及ぼすことから、原則として社会福祉充実計画の変更を行うこと。

　社会福祉充実計画の変更に当たって、承認を要する事項及び届出を要する事項については、具体的にはそれぞれ次表に掲げる場合とすること。

| | 変更承認事項 | 変更届出事項 |
|---|---|---|
| 事業内容関連 | ○　新規事業を追加する場合<br>○　既存事業の内容について、以下のような大幅な変更を行う場合<br>ア　対象者の追加・変更<br>イ　支援内容の追加・変更<br>○　計画上の事業費について、２０％を超えて増減させる場合 | ○　既存事業の内容について、左記以外の軽微な変更を行う場合<br>○　計画上の事業費について、２０％以内で増減させる場合 |
| 事業実施地域関連 | ○　市町村域を超えて事業実施地域の変更を行う場合 | ○　同一市町村内で事業実施地域の変更を行う場合 |
| 事業実施期間関連 | ○　事業実施年度の変更を行う場合<br>○　年度を超えて事業実施期間の変更を行う場合 | ○　同一年度内で事業実施期間の変更を行う場合 |
| 社会福祉充実残額関連 | ○　事業費の変更に併せて計画上の社会福祉充実残額について２０％を超えて増減させる場合 | ○　事業費の変更に併せて計画上の社会福祉充実残額について２０％以内の範囲で増減させる場合 |
| その他 | | ○　法人名、法人代表者氏名、主たる事務所の所在地、連絡先を変更する場合 |

　なお、社会福祉充実計画における事業実施期間の変更は、最大１０か年度の範囲内で可能であるが、当該変更は、社会福祉充実残額の規模や地域のニーズの変化等を踏まえた上で行われるべきものであり、合理的な理由なく、単に事業実施期間を延長することは認められないこと。

１１．社会福祉充実計画の終了（法第５５条の４及び規則第６条の２１関係）

　　社会福祉充実計画の実施期間中に、やむを得ない事由により当該計画に従って事業を行うことが困難である場合には、別紙７の様式例により、あらかじめ所轄庁の承認を受けて社会福祉充実計画を終了することができること。

　　ここでいう「やむを得ない事由」とは、

①　社会福祉充実事業に係る事業費が見込みを上回ること等により、社会福祉充実残額が生じなくなることが明らかな場合

②　地域の福祉ニーズの減少など、状況の変化により、社会福祉充実事業の実施の目的を達成し、又は事業の継続が困難となった場合

などが想定されること。

　　なお、社会福祉充実計画の終了時に、会計年度途中の段階でなお社会福祉充実残額が存在している場合については、その段階で新たな社会福祉充実計画を策定する必要はなく、会計年度末の段階で改めて社会福祉充実残額を算定し、社会福祉充実残額が生じる場合には、翌会計年度以降を計画の実施期間とする新たな社会福祉充実計画を策定すること。


１２．その他

（１）社会福祉充実計画の公表

　　次に掲げる場合については、法人のホームページ等において、直近の社会福祉充実計画を公表すること。

①　社会福祉充実計画を策定し、所轄庁にその承認を受けた場合

②　社会福祉充実計画を変更し、所轄庁にその承認を受け、又は届出を行った場合

　　なお、規則第１０条第２項の規定に基づき、法人が電子開示システムを活用して社会福祉充実計画の公表を行うときは、これを行ったものとみなすことができること。

（２）社会福祉充実事業に係る実績の公表

　　社会福祉充実計画に記載した社会福祉充実事業に係る実績については、毎年度、法人のホームページ等において、その公表に努めること。

（３）社会福祉充実計画の保存

　　社会福祉充実計画は、法人において、計画の実施期間満了の日から１０年間保存しておくこと。

（別紙１）

平成〇年度～平成〇年度　社会福祉法人〇〇　社会福祉充実計画

## １．基本的事項

| 法人名 | | 法人番号 | |
|---|---|---|---|
| 法人代表者氏名 | | | |
| 法人の主たる所在地 | | | |
| 連絡先 | | | |
| 地域住民その他の関係者への意見聴取年月日 | | | |
| 公認会計士、税理士等の意見聴取年月日 | | | |
| 評議員会の承認年月日 | | | |

| 会計年度別の社会福祉充実残額の推移（単位：千円） | 残額総額（平成〇年度末現在） | 1か年度目（平成〇年度末現在） | 2か年度目（平成〇年度末現在） | 3か年度目（平成〇年度末現在） | 4か年度目（平成〇年度末現在） | 5か年度目（平成〇年度末現在） | 合計 | 社会福祉充実事業未充当額 |
|---|---|---|---|---|---|---|---|---|
| | | | | | | | | |
| うち社会福祉充実事業費（単位：千円） | | | | | | | | |
| 本計画の対象期間 | | | | | | | | |

## ２．事業計画

| 実施時期 | 事業名 | 事業種別 | 既存・新規の別 | 事業概要 | 施設整備の有無 | 事業費 |
|---|---|---|---|---|---|---|
| 1か年度目 | | | | | | |
| | | | | | | |
| | 小計 | | | | | |
| 2か年度目 | | | | | | |
| | | | | | | |
| | 小計 | | | | | |
| 3か年度目 | | | | | | |

| | | | 小計 | | |
|---|---|---|---|---|---|
| 4か年 度目 | | | | | |
| | | | 小計 | | |
| 5か年 度目 | | | | | |
| | | | 小計 | | |
| 合計 | | | | | |

※　欄が不足する場合は適宜追加すること。

## ３．社会福祉充実残額の使途に関する検討結果

| 検討順 | 検討結果 |
|---|---|
| ①　社会福祉事業及び公益事業（小規模事業） | |
| ②　地域公益事業 | |
| ③　①及び②以外の公益事業 | |

## ４．資金計画

| 事業名 | 事業費内訳 | | 1か年度目 | 2か年度目 | 3か年度目 | 4か年度目 | 5か年度目 | 合計 |
|---|---|---|---|---|---|---|---|---|
| | 計画の実施期間における事業費合計 | | | | | | | |
| | 財源構成 | 社会福祉充実残額 | | | | | | |
| | | 補助金 | | | | | | |
| | | 借入金 | | | | | | |
| | | 事業収益 | | | | | | |
| | | その他 | | | | | | |

※　本計画において複数の事業を行う場合は、２．事業計画に記載する事業の種類ごとに「資金計画」を作成すること。

## ５．事業の詳細

| 事業名 | |
|---|---|
| 主な対象者 | |
| 想定される対象者数 | |

| 事業の実施地域 | |
|---|---|
| 事業の実施時期 | 平成〇年〇月〇日～平成〇年〇月〇日 |

| 事業内容 | | |
|---|---|---|
| | | |

| 事業の実施スケジュール | 1か年度目 | |
|---|---|---|
| | 2か年度目 | |
| | 3か年度目 | |
| | 4か年度目 | |
| | 5か年度目 | |

| 事業費積算<br>（概算） | | |
|---|---|---|
| | 合計 | 〇〇千円（うち社会福祉充実残額充当額〇〇千円） |

| 地域協議会等の意見と<br>その反映状況 | |
| --- | --- |
| | |

※　本計画において複数の事業を行う場合は、２．事業計画に記載する事業の種類ごとに「事業の詳細」を作成すること。

## ６．社会福祉充実残額の全額を活用しない又は計画の実施期間が５か年度を超える理由

| |
| --- |
| |

（別紙１－参考①）

社会福祉充実計画記載要領

## １．基本的事項について

① 地域住民その他の関係者への意見聴取年月日

地域協議会の開催日など、意見聴取を行った年月日を記載すること。

② 公認会計士・税理士等の意見聴取年月日

確認書に記載の年月日を記載すること。

③ 会計年度別の社会福祉充実残額の推移

本計画の対象となる社会福祉充実残額の総額（確定額）を記載するとともに、計画の実施期間における社会福祉充実事業費に係る支出予定額及び当該残額の推移（見込額）を記載すること。

また、社会福祉充実事業に充てない社会福祉充実残額がある場合には、６のとおり、理由を記載した上、「社会福祉充実事業未充当額」欄に当該金額を記載すること。

④ 本計画の対象期間

本計画の対象期間は、所轄庁の承認見込日以降を始期とし、全ての社会福祉充実事業の終了見込年月日を終期とすること。

## ２．事業計画

１か年度目～５か年度目（又は１０か年度目）までの間に、どのような事業に、それぞれいくらを使用するかを記載すること。

なお、例えば、２か年度目から事業を開始し、４か年度目に終了するなど、事業の始期及び終期、各年の事業費規模は法人の任意で定めることが可能であること。

また、「既存・新規の別」欄については、既存事業の充実を図るための事業を行う場合には「既存」と、新たに既存事業以外の事業を行う場合には「新規」と記載すること。

## ３．社会福祉充実残額の使途に関する検討結果

「検討結果」欄には、それぞれの項目ごとに社会福祉充実残額を活用する又は活用しない理由を記載すること。

## ４．資金計画

① 各年における事業費について、社会福祉充実残額、補助金、借入金、事業収益、その他の内訳を記載すること。

② その他については、寄付金その他の利用料収入等が想定し得ること。

③ 事業費については、２の事業計画及び５の事業の詳細の計数と一致していること。

## ５．事業の詳細

① 「事業名」欄については、法人が任意で定めたものを記載すること。

② 「主な対象者」欄については、高齢者、障害者、子ども、子育て世帯、生活困窮者の別を基本として、法人が任意で記載すること。

③ 「想定される対象者数」欄については、事業費積算上の対象者数として差し支えないこと。

④ 「事業の実施地域」欄については、事業を利用することができる者の住所地を特定して記載すること。

また、複数地域で事業を実施する場合は、全ての実施地域を記載するとともに、主たる事業の実施地域に下線を付すこと。

⑤ 「事業の実施時期」欄については、計画策定時点で想定している事業の開始時期から終期までの期間を記載すること。

⑥ 「事業内容」欄については、どのような者を対象に、どのような福祉サービスを、どの程度の頻度で、いつまでの期間行うのかを記載すること。

なお、具体的な事業内容は、地域の実情を踏まえ、法人が自主的に判断すべきものであるが、例えば次表のような取組が考えられること。

| 第１順位：社会福祉事業 | ・ 社会福祉事業に従事する職員に対する給与等の増額、一時金の支給<br>・ 社会福祉事業に従事する職員の資質向上のための研修費用の支給<br>・ サービスの質の向上のための新たな人材の雇入れ<br>・ 既存社会福祉事業の定員等の拡充に伴う人材の雇入れ、施設・設備整備<br>・ 新規事業所開設に伴う人材の雇入れ、施設・設備整備<br>・ 低所得者に対する低廉な住居の供給<br>・ 低所得利用者に対する利用料の減免　等 |
|---|---|
| 第２順位：地域公益事業 | ・ 様々なニーズに対応した分野横断的かつ包括的なワンストップ相談支援拠点の設置<br>・ 現時点では自立している単身高齢者に対する見守り等その孤立死防止のための事業 |

| | |
|---|---|
| | ・ 公的サービスの利用ができない者に対するゴミ出しや買い物等の軽度日常生活支援<br>・ 高齢者や障害者、子ども、地域住民等の共生の場づくり<br>・ 緊急一時的に支援が必要な者に対する宿所や食料の提供、資金の貸付け<br>・ 貧困家庭の子どもに対する奨学金の貸与と、自立に向けた継続的な相談支援<br>・ 仕事と介護や子育ての両立に向けた支援<br>・ 地域課題を踏まえた障害者等の職場づくり<br>・ 中山間地域等における移動困難者に対する移送支援<br>・ 高齢者や障害者等に対する権利擁護支援<br>・ 災害時要援護者に対する支援体制の構築　等 |
| 第3順位：その他公益事業 | ・ 公益事業に従事する職員に対する給与等の増額、一時金の支給<br>・ 公益事業に従事する職員の資質向上のための研修費用の支給<br>・ サービスの質の向上のための新たな人材の雇入れ<br>・ 既存公益事業の定員等の拡充に伴う人材の雇入れ、施設・設備整備<br>・ 新規事業所開設に伴う人材の雇入れ、施設・設備整備　等 |

⑦　「事業の実施スケジュール」欄については、各年における事業の到達見込みを記載すること。

⑧　「事業費積算」欄については、詳細な計算式は不要であり、人件費〇円、備品購入費〇円、雑役務費〇円といったおおよその内訳を記載すれば足りること。

　　なお、公認会計士・税理士等に対する意見聴取に係る費用など、社会福祉充実計画策定に係る費用は、当該事業費として積算して差し支えないこと。

⑨　「地域協議会等の意見と反映状況」欄については、地域協議会で示された主な意見と、当該意見について、事業の中にどのように反映したかを記載すること。


## ６．社会福祉充実残額の全額を活用しない又は計画の実施期間が５か年度を超える理由

　　社会福祉充実計画については、原則として、社会福祉充実残額の全額について、５か年度以内の計画の実施期間に活用しなければならないものであるが、これにより難い合理的な理由がある場合には、その理由を記載すること。

　　この場合、合理的な理由とは、例えば、次のような理由が想定されるものであり、合理的な理由なく社会福祉充実残額の一部を社会福祉充実事業に充当せず、又は計画の実施期間を延長することは認められないこと。

①　社会福祉充実残額が多額であるため、５か年度の計画の実施期間内に事業を完了することが非効率かつ困難であること。

② 　地域の福祉ニーズを踏まえた事業規模からして、社会福祉充実残額の全額を計画実施期間内に費消することが困難であること。

③ 　計画の実施期間満了後に新規の事業拡大、既存建物の建替等を予定しており、当該期間内に全額を活用することが合理的ではないこと。

④ 　介護保険事業計画等との整合性から、5か年度の計画の実施期間内に定員数の拡充等が困難であること。

（別紙１－参考②）

平成２９年度～平成３３年度　社会福祉法人社会・援護会　社会福祉充実計画（記載例）

## 1．基本的事項

| 法人名 | 社会福祉法人社会・援護会 | 法人番号 | ０１２３４５６７８９１２３ |
|---|---|---|---|
| 法人代表者氏名 | 福祉　太郎 | | |
| 法人の主たる所在地 | 東京都千代田区霞が関１－２－２ | | |
| 連絡先 | ０３－３５９５－２６１６ | | |
| 地域住民その他の関係者への意見聴取年月日 | 平成２９年６月１０日 | | |
| 公認会計士、税理士等の意見聴取年月日 | 平成２９年６月１３日 | | |
| 評議員会の承認年月日 | 平成２９年６月２９日 | | |

| 会計年度別の社会福祉充実残額の推移（単位：千円） | | 残額総額（平成28年度末現在） | 1か年度目（平成29年度末現在） | 2か年度目（平成30年度末現在） | 3か年度目（平成31年度末現在） | 4か年度目（平成32年度末現在） | 5か年度目（平成33年度末現在） | 合計 | 社会福祉充実事業未充当額 |
|---|---|---|---|---|---|---|---|---|---|
| | | 100,000 千円 | 76,000 千円 | 57,000 千円 | 38,000 千円 | 19,000 千円 | 0 千円 | | 0 千円 |
| | うち社会福祉充実事業費（単位：千円） | | ▲24,000 千円 | ▲19,000 千円 | ▲19,000 千円 | ▲19,000 千円 | ▲19,000 千円 | ▲100,000 千円 | |
| 本計画の対象期間 | | 平成２９年８月１日～平成３４年３月３１日 | | | | | | | |

## 2．事業計画

| 実施時期 | 事業名 | 事業種別 | 既存・新規の別 | 事業概要 | 施設整備の有無 | 事業費 |
|---|---|---|---|---|---|---|
| 1か年度目 | 職員育成事業 | 社会福祉事業 | 既存 | 当法人の職員の資質向上を図るため、全国団体が実施する研修の受講費用を補助する。 | 無 | 5,000 千円 |
| | 単身高齢者のくらしの安心確保事業 | 地域公益事業 | 新規 | 当法人の訪問介護員が要介護認定を受けていない単身高齢者宅を週に２回訪問し、社協等と連携しながら、日常生活上の見守りや相談支援、生活援助を行う。 | 無 | 19,000 千円 |

| | | | | | | |
|---|---|---|---|---|---|---|
| | | | | 小計 | | 24,000 千円 |
| 2か年度目 | 職員育成事業 | 社会福祉事業 | 既存 | 当法人の職員の資質向上を図るため、全国団体が実施する研修の受講費用を補助する。 | 無 | 5,000 千円 |
| | 単身高齢者のくらしの安心確保事業 | 地域公益事業 | 新規 | 当法人の訪問介護員が要介護認定を受けていない単身高齢者宅を週に2回訪問し、社協等と連携しながら、日常生活上の見守りや相談支援、生活援助を行う。 | 無 | 14,000 千円 |
| | | | | 小計 | | 19,000 千円 |
| 3か年度目 | 職員育成事業 | 社会福祉事業 | 既存 | 当法人の職員の資質向上を図るため、全国団体が実施する研修の受講費用を補助する。 | 無 | 5,000 千円 |
| | 単身高齢者のくらしの安心確保事業 | 地域公益事業 | 新規 | 当法人の訪問介護員が要介護認定を受けていない単身高齢者宅を週に2回訪問し、社協等と連携しながら、日常生活上の見守りや相談支援、生活援助を行う。 | 無 | 14,000 千円 |
| | | | | 小計 | | 19,000 千円 |
| 4か年度目 | 職員育成事業 | 社会福祉事業 | 既存 | 当法人の職員の資質向上を図るため、全国団体が実施する研修の受講費用を補助する。 | 無 | 5,000 千円 |
| | 単身高齢者のくらしの安心確保事業 | 地域公益事業 | 新規 | 当法人の訪問介護員が要介護認定を受けていない単身高齢者宅を週に2回訪問し、社協等と連携しながら、日常生活上の見守りや相談支援、生活援助を行う。 | 無 | 14,000 千円 |
| | | | | 小計 | | 19,000 千円 |
| 5か年度目 | 職員育成事業 | 社会福祉事業 | 既存 | 当法人の職員の資質向上を図るため、全国団体が実施する研修の受講費用を補助する。 | 無 | 5,000 千円 |
| | 単身高齢者のくらしの安心確保事業 | 地域公益事業 | 新規 | 当法人の訪問介護員が要介護認定を受けていない単身高齢者宅を週に2回訪問し、社協等と連携しながら、日常生活上の見守りや相談支援、生活援助を行う。 | 無 | 14,000 千円 |
| | | | | 小計 | | 19,000 千円 |
| 合計 | | | | | | 100,000 千円 |

※　欄が不足する場合は適宜追加すること。

## ３．社会福祉充実残額の使途に関する検討結果

| 検討順 | 検討結果 |
|---|---|
| ① 社会福祉事業及び公益事業（小規模事業） | 重度利用者の増加を踏まえ、職員の資質向上を図る必要性があるため、職員の資格取得を支援する取組を行うこととした。 |
| ② 地域公益事業 | 当法人が行う地域包括支援センターなどに寄せられる住民の意見の中で、孤立死防止の観点から、日常生活上の見守りや生活支援に対するニーズが強かったため、こうした支援を行う取組を行うこととした。 |
| ③ ①及び②以外の公益事業 | ①及び②の取組を実施する結果、残額は生じないため、実施はしない。 |

## ４．資金計画

| 事業名 | 事業費内訳 | | 1か年度目 | 2か年度目 | 3か年度目 | 4か年度目 | 5か年度目 | 合計 |
|---|---|---|---|---|---|---|---|---|
| 職員育成事業 | 計画の実施期間における事業費合計 | | 5,000 千円 | 5,000 千円 | 5,000 千円 | 5,000 千円 | 5,000 千円 | 25,000 千円 |
| | 財源構成 | 社会福祉充実残額 | 5,000 千円 | 5,000 千円 | 5,000 千円 | 5,000 千円 | 5,000 千円 | 25,000 千円 |
| | | 補助金 | | | | | | |
| | | 借入金 | | | | | | |
| | | 事業収益 | | | | | | |
| | | その他 | | | | | | |

| 事業名 | 事業費内訳 | | 1か年度目 | 2か年度目 | 3か年度目 | 4か年度目 | 5か年度目 | 合計 |
|---|---|---|---|---|---|---|---|---|
| 単身高齢者のくらしの安心確保事業 | 計画の実施期間における事業費合計 | | 19,000 千円 | 14,000 千円 | 14,000 千円 | 14,000 千円 | 14,000 千円 | 75,000 千円 |
| | 財源構成 | 社会福祉充実残額 | 19,000 千円 | 14,000 千円 | 14,000 千円 | 14,000 千円 | 14,000 千円 | 75,000 千円 |
| | | 補助金 | | | | | | |
| | | 借入金 | | | | | | |
| | | 事業収益 | | | | | | |
| | | その他 | | | | | | |

※ 本計画において複数の事業を行う場合は、２．事業計画に記載する事業の種類ごとに「資金計画」を作成すること。

## ５．事業の詳細

| 事業名 | 職員育成事業 | |
|---|---|---|
| 主な対象者 | 当法人に在籍５年以上の職員 | |
| 想定される対象者数 | 50人 | |
| 事業の実施地域 | － | |
| 事業の実施時期 | 平成29年8月1日～平成34年3月31日 | |
| 事業内容 | 当法人の職員の資質向上を図るため、全国団体が実施する研修の受講費用を補助する。 | |
| 事業の実施スケジュール | 1か年度目 | 職員10人を対象に費用助成を実施。 |
| | 2か年度目 | 職員10人を対象に費用助成を実施。 |
| | 3か年度目 | 職員10人を対象に費用助成を実施。 |
| | 4か年度目 | 職員10人を対象に費用助成を実施。 |
| | 5か年度目 | 職員10人を対象に費用助成を実施。 |
| 事業費積算<br>（概算） | 50万円×職員10人（単年度）×5か年＝2,500万円 | |
| | 合計 | 25,000千円（うち社会福祉充実残額充当額 25,000千円） |
| 地域協議会等の意見と<br>その反映状況 | － | |

| 事業名 | 単身高齢者のくらしの安心確保事業 | |
|---|---|---|
| 主な対象者 | 千代田区内在住の介護保険サービスを受けていない単身高齢者 | |
| 想定される対象者数 | 1,000人 | |
| 事業の実施地域 | 千代田区内 | |
| 事業の実施時期 | 平成29年8月1日～平成34年3月31日 | |
| 事業内容 | 当法人の訪問介護員が要介護認定を受けていない単身高齢者宅を週に2回訪問し、社協等と連携しながら、日常生活上の見守りや相談支援、生活援助を行う。 | |
| 事業の実施スケジュール | 1か年度目 | ・社協等と連携し、事業の実施体制、対象者の要件等を検討。<br>・事業の利用希望者の募集 |
| | 2か年度目 | ・利用者に対する支援の実施 |
| | 3か年度目 | ・利用者に対する支援の実施 |
| | 4か年度目 | ・利用者に対する支援の実施 |
| | 5か年度目 | ・利用者に対する支援の実施<br>・地域支援事業等へのつなぎ |

| 事業費積算<br>（概算） | 人件費 800 万円（単年度）×5 か年＝4,000 万円 | |
|---|---|---|
| | 旅費 200 万円（単年度）×5 か年＝1,000 万円 | |
| | 賃料 100 万円（単年度）×5 か年＝500 万円 | |
| | 光熱水費 20 万円（単年度）×5 か年＝100 万円 | |
| | その他事業費 280 万円（単年度）×5 か年＝1,400 万円 | |
| | 初度設備購入費 500 万円 | |
| | 合計 | 75,000 千円（うち社会福祉充実残額充当額 75,000 千円） |
| 地域協議会等の意見と<br>その反映状況 | 単身高齢者に対する必要な支援として、ゴミ出しや買物など、日常生活上の生活援助に対するニーズが強かったため、事業内容に反映した。 | |

※　本計画において複数の事業を行う場合は、２．事業計画に記載する事業の種類ごとに「事業の詳細」を作成すること。

## ６．社会福祉充実残額の全額を活用しない又は計画の実施期間が５か年度を超える理由

（別紙２－様式例）

手　続　実　施　結　果　報　告　書

平成　　年　　月　　日

社会福祉法人　○○

理事長　○○○○　殿

確認者の名称　　　　　印

　私は、社会福祉法人○○（以下「法人」という。）からの依頼に基づき、「平成○年度～平成○年度社会福祉法人○○　社会福祉充実計画」（以下「社会福祉充実計画」という。）の承認申請に関連して、社会福祉法第55条の２第５項により、以下の手続を実施した。

## １．手続の目的

　私は、「社会福祉充実計画」に関して、本報告書の利用者が手続実施結果を以下の目的で利用することを想定し、「実施した手続」に記載された手続を実施した。

①　「社会福祉充実計画」における社会福祉充実残額が「社会福祉充実計画の承認等に係る事務処理基準」（以下「事務処理基準」という。）に照らして算出されているかどうかについて確かめること。

②　「社会福祉充実計画」における事業費が、「社会福祉充実計画」において整合しているかどうかについて確かめること。

## ２．実施した手続

①　社会福祉充実残額算定シートにおける社会福祉法に基づく事業に活用している不動産等に係る控除の有無の判定と事務処理基準を照合する。

②　社会福祉充実残額算定シートにおける社会福祉法に基づく事業に活用している不動産等について事務処理基準に従って再計算を行う。

③　社会福祉充実残額算定シートにおける再取得に必要な財産について事務処理基準に従って再計算を行う。

④　社会福祉充実残額算定シートにおける必要な運転資金について事務処理基準に従って再計算を行う。

⑤　社会福祉充実残額算定シートにおける社会福祉充実残額について、再計算を行った上で、社会福祉充実計画における社会福祉充実残額と突合する。

⑥　社会福祉充実計画における１、２、４及び５に記載される事業費について再計算を行う。


３．手続の実施結果

①　２の①について、社会福祉法に基づく事業に活用している不動産等に係る控除対象財産判定と事務処理基準は一致した。

②　２の②について、社会福祉法に基づく事業に活用している不動産等の再計算の結果と一致した。

③　２の③について、再取得に必要な財産の再計算の結果と一致した。

④　２の④について、必要な運転資金の再計算の結果と一致した。

⑤　２の⑤について、社会福祉充実残額の再計算の結果と一致した。さらに、当該計算結果と社会福祉充実計画における社会福祉充実残額は一致した。

⑥　２の⑥について、社会福祉充実計画における１、２、４及び５に記載される事業費について再計算の結果と一致した。


４．業務の特質

　　上記手続は財務諸表に対する監査意見又はレビューの結論の報告を目的とした一般に公正妥当と認められる監査の基準又はレビューの基準に準拠するものではない。したがって、私は社会福祉充実計画の記載事項について、手続実施結果から導かれる結論の報告も、また、保証の提供もしない。


５．配付及び利用制限

　　本報告書は法人の社会福祉充実計画の承認申請に関連して作成されたものであり、他のいかなる目的にも使用してはならず、法人及びその他の実施結果の利用者以外に配付又は利用されるべきものではない。

第4章　資料編

（注）公認会計士又は監査法人が業務を実施する場合には、日本公認会計士協会監査・保証実務委員会専門業務実務指針４４００「合意された手続業務に関する実務指針」を参考として、表題を「合意された手続実施結果報告書」とするほか、本様式例の実施者の肩書、表現・見出し等について、同実務指針の文例を参照して、適宜改変することができる。

以　上

第
4
章

117

（別紙３）

地域協議会の設置・運営について

１．地域協議会の位置付け

　　改正社会福祉法により、社会福祉充実残額を保有する社会福祉法人は、社会福祉充実計画を策定し、社会福祉事業又は地域公益事業等の実施に再投資することが求められる。

　　地域公益事業を行う計画の策定に当たっては、「地域公益事業の内容及び事業区域における需要」について、「住民その他の関係者」の意見を聴かなければならないこととされている。

　　その際、社会福祉法人において、中立公正かつ円滑な意見聴取が行えるようにするとともに、併せて地域における関係者のネットワークを強化し、関係者間での地域課題の共有、各種事業の役割分担の整理など、地域福祉の推進体制の強化を図るため、各地域において「地域協議会」を設置するものとする。

２．地域協議会の体制整備

　　地域協議会の体制整備に係る責任は、原則として所轄庁が有するものとし、その運営主体は、所轄庁が地域の事情に応じて決定するものとする。

　　所轄庁は、地域協議会の実施・運営を支援するとともに、円滑な意見聴取が行われるよう、必要な調整を行うものとする。

　（注）法第５５条の２第８項において、「所轄庁は、社会福祉法人に対し、社会福祉充実計画の作成及び円滑かつ確実な実施に関し必要な助言その他の支援を行う」こととされていることから、所轄庁は、社会福祉法人が地域において、円滑に住民等からの意見聴取を行う環境整備を行う責任を有しているものであり、所轄庁はその一環として地域協議会の体制整備を行うものである。

　　また、地域協議会は、効率的に開催する観点から、可能な限り既存の会議体を活用するものとする。

　　具体的には、社会福祉協議会における地域福祉活動支援計画策定委員会や、地域ケア会議、自立支援協議会などが想定される。（人数等を考慮し、既存の会議体を活用しつつ、当該会議体の下に分科会等を設置するなどの工夫を行うことも考えられる。）

　（注）ただし、所轄庁が自ら地域協議会を開催することも妨げるものではない。

所轄庁は、社会福祉法人の社会福祉充実計画の策定スケジュールに合わせ、適切に地域協議会が開催されるよう、所管地域の地域協議会に対し、必要な働きかけを行う。

　また、都道府県は、管内の地域協議会の設置状況を集約し、社会福祉法人に対する情報提供を行うとともに、空白が生じている地域がある場合には、都道府県単位の地域協議会において意見聴取を行えるようにするなど、必要な措置を講ずるものとする。


３．地域協議会の実施区域について

　地域協議会の実施区域は、原則として所轄庁単位とする。

　なお、一の所轄庁が管轄する区域を一定の地域ごとに分割すること、複数の所轄庁が合同して地域協議会を設置することも可能である。ただし、複数の所轄庁が合同して地域協議会を設置する場合については、法において、事業の実施区域の住民等の意見を聴くこととされている趣旨にかんがみ、広域になりすぎないよう配慮することが必要である。


４．地域協議会の構成員について

　地域協議会の構成員は、以下の者を想定しつつ、地域の実情に応じて所轄庁が定めるものとする。

①　学識有識者

②　保健医療福祉サービス事業者

③　民生委員・児童委員

④　自治会等地域住民の代表者

⑤　ボランティア団体

⑥　社会福祉協議会

⑦　福祉行政職員（町村職員を含む。）

　なお、上記の構成員は、地域協議会への出席に支障がない限りにおいて、複数の地域協議会の構成員となることを妨げない。


５．地域協議会の役割について

　地域協議会は、地域公益事業を実施しようとする社会福祉法人からの要請に基づき、所轄庁が適宜開催することとし、例えば以下のような点について、討議を行う。

①　地域の福祉課題に関すること

②　地域に求められる福祉サービスの内容に関すること

③　社会福祉法人が実施を予定している地域公益事業に関する意見

④　関係機関との連携に関すること

また、地域協議会は、地域公益事業を行う社会福祉法人による意見聴取の場としての役割のみならず、

① 　地域公益事業の実施状況の確認、助言

② 　地域の関係者によるそれぞれの取組・課題の共有

③ 　地域の関係者の連携の在り方

などについて、定期的に討議することを通じて、地域福祉推進のためのツールとして活用していくことが望ましい。(地域公益事業の実施状況の確認については、社会福祉充実計画の策定に当たって行われる地域協議会とは別途、年1回程度行うことが考えられる。)

　なお、地域協議会における討議の内容は、社会福祉法人が自ら地域公益事業を行う上で、斟酌すべき参考意見ではあるが、他方、法人の経営の自主性は最大限尊重されるべきであることに留意が必要である。


6．広域的に事業を行う場合の意見聴取の取扱いについて

　複数の地域協議会の実施エリアをまたがって、地域公益事業を広域的に行う場合については、社会福祉充実計画を円滑に策定する観点から、主たる事業の実施地域を特定し、当該地域を所管する地域協議会に意見を聴くことで足りるものとする。

　ただし、この場合であっても、当該地域以外の住民等の意見が可能な限り反映されるよう、社会福祉法人のHP等における意見募集やアンケート調査などの簡易な方法により、意見聴取を行うよう努めるものとする。

（別紙４－様式例①）

（ 文 書 番 号 ）

平成○年○月○日

○○○都道府県知事
　　又は　　　　　　　殿
○○○市市長

（申請者）

社会福祉法人　○○○

理事長　○○　○○

社会福祉充実計画の承認申請について

当法人において、別添のとおり社会福祉充実計画を策定したので、社会福祉法第５５条の２第１項の規定に基づき、貴庁の承認を申請する。

（添付資料）
・　平成○年度～平成○年度社会福祉法人○○○社会福祉充実計画
・　社会福祉充実計画の策定に係る評議員会の議事録（写）
・　公認会計士・税理士等による手続実施結果報告書（写）
・　社会福祉充実残額の算定根拠
・　その他社会福祉充実計画の記載内容の参考となる資料

（別紙4－様式例②）

（文　書　番　号）

平成○年○月○日

社会福祉法人　○○○

　理事長　○○　○○　殿

○○○都道府県知事

又は

○○○市市長

社会福祉充実計画承認通知書

　平成○年○月○日付け（文書番号）により、貴法人より申請のあった社会福祉充実計画については、社会福祉法第５５条の２第１項の規定に基づき、承認することとしたので通知する。

（別紙５－様式例①）

（ 文 書 番 号 ）

平成〇年〇月〇日

〇〇〇都道府県知事
　　　又は　　　　　　　　殿
〇〇〇市市長

（申請者）

社会福祉法人　〇〇〇

理事長　〇〇　〇〇

承認社会福祉充実計画の変更に係る承認申請について

　平成〇〇年〇月〇日付け（文書番号）により、貴庁より承認を受けた社会福祉充実計画について、別添のとおり変更を行うこととしたので、社会福祉法第５５条の３第１項の規定に基づき、貴庁の承認を申請する。

（添付資料）
・　変更後の平成〇年度～平成〇年度社会福祉法人〇〇〇社会福祉充実計画
　　（注）変更点を赤字とする、新旧対照表を添付するなど、変更点を明示すること。
・　社会福祉充実計画の変更に係る評議員会の議事録（写）
・　公認会計士・税理士等による手続実施結果報告書（写）
・　社会福祉充実残額の算定根拠
・　その他社会福祉充実計画の記載内容の参考となる資料

（別紙５－様式例②）

（文　書　番　号）

平成○年○月○日

社会福祉法人　○○○

　理事長　○○　○○　殿

○○○都道府県知事

又は

○○○市市長

承認社会福祉充実計画変更承認通知書

　平成○年○月○日付け（文書番号）により、貴法人より申請のあった社会福祉充実計画
の変更については、社会福祉法第５５条の３第１項の規定に基づき、承認することとした
ので通知する。

（別紙６－様式例）

（文書番号）

平成〇年〇月〇日

〇〇〇都道府県知事

又は　　　　　　　　殿

〇〇〇市市長

（申請者）

社会福祉法人　〇〇〇

理事長　〇〇　〇〇

承認社会福祉充実計画の変更に係る届出について

平成〇〇年〇月〇日付け（文書番号）により、貴庁より承認を受けた社会福祉充実計画について、別添のとおり変更を行うこととしたので、社会福祉法第５５条の３第２項の規定に基づき、貴庁に届出を行う。

（添付資料）

・　変更後の平成〇年度〜平成〇年度社会福祉法人〇〇〇社会福祉充実計画

　（注）変更点を赤字とする、新旧対照表を添付するなど、変更点を明示すること。

・　社会福祉充実残額の算定根拠

・　その他社会福祉充実計画の記載内容の参考となる資料

（別紙７－様式例①）

（ 文 書 番 号 ）
平成〇年〇月〇日

〇〇〇都道府県知事
　　又は　　　　　　　　　殿
〇〇〇市市長

（申請者）
社会福祉法人　〇〇〇
理事長　〇〇　〇〇


承認社会福祉充実計画の終了に係る承認申請について


　平成〇〇年〇月〇日付け（文書番号）により、貴庁より承認を受けた社会福祉充実計画について、下記のとおり、やむを得ない事由が生じたことから、当該計画に従って事業を行うことが困難であるため、社会福祉法第５５条の４の規定に基づき、当該計画の終了につき、貴庁の承認を申請する。


記


（承認社会福祉充実計画を終了するに当たってのやむを得ない事由）

|  |
|  |

（添付資料）
・　終了前の平成〇年度～平成〇年度社会福祉法人〇〇〇社会福祉充実計画
・　その他承認社会福祉充実計画を終了するに当たって、やむを得ない事由があることを証する書類

（別紙７－様式例②）

（文書番号）

平成○年○月○日

社会福祉法人　○○○
　理事長　○○　○○　殿

○○○都道府県知事
又は
○○○市市長

承認社会福祉充実計画終了承認通知書

　平成○年○月○日付け（文書番号）により、貴法人より申請のあった社会福祉充実計画の終了については、社会福祉法第５５条の４の規定に基づき、承認することとしたので通知する。

社援基発 0123 第 2 号
平成 30 年 1 月 23 日

都 道 府 県
各　　指 定 都 市　民生主管部（局）長　　殿
　　中　核　市

厚生労働省社会・援護局福祉基盤課長
（　公　印　省　略　）


「「社会福祉充実計画の承認等に係る事務処理基準」に基づく別に定める単価等
について」の一部改正について


　「「社会福祉充実計画の承認等に係る事務処理基準」に基づく別に定める単価等につい
て」（平成２９年１月２４日付け社援基発０１２４第１号社会・援護局福祉基盤課長通知）
について、直近の統計等を踏まえ、別添のとおり改正し、平成３０年４月１日より適用す
ることとしたので、御了知の上、管内市区町村及び社会福祉法人等関係各方面に周知願い
ます。
　なお、本通知は、地方自治法（昭和２２年法律第６７号）第２４５条の９第１項及び第
３項の規定に基づく都道府県及び市が法定受託事務を処理するに当たりよるべき基準と
して発出するものであることを申し添えます。

（別添）

（別表）　改正後

| 年度 | 建設工事費デフレーター（建設総合指数） | 2016年と比較した伸び率 |
|---|---|---|
| 1960 以前 | 19.8 | 5.333 |
| 1961 | 21.8 | 4.844 |
| 1962 | 22.3 | 4.735 |
| 1963 | 22.9 | 4.611 |
| 1964 | 23.9 | 4.418 |
| 1965 | 24.7 | 4.275 |
| 1966 | 26.5 | 3.985 |
| 1967 | 28.0 | 3.771 |
| 1968 | 29.0 | 3.641 |
| 1969 | 30.9 | 3.417 |
| 1970 | 32.8 | 3.220 |
| 1971 | 33.3 | 3.171 |
| 1972 | 36.3 | 2.909 |
| 1973 | 45.9 | 2.301 |
| 1974 | 54.4 | 1.941 |
| 1975 | 55.1 | 1.917 |
| 1976 | 59.6 | 1.772 |
| 1977 | 62.2 | 1.698 |
| 1978 | 65.5 | 1.612 |
| 1979 | 72.6 | 1.455 |
| 1980 | 79.2 | 1.333 |
| 1981 | 79.5 | 1.328 |
| 1982 | 79.7 | 1.325 |

（別表）　改正前

| 年度 | 建設工事費デフレーター（建設総合指数） | 2015年と比較した伸び率 |
|---|---|---|
| 1960 以前 | 21.0 | 5.206 |
| 1961 | 23.2 | 4.707 |
| 1962 | 23.7 | 4.611 |
| 1963 | 24.4 | 4.483 |
| 1964 | 25.4 | 4.295 |
| 1965 | 26.2 | 4.169 |
| 1966 | 28.1 | 3.882 |
| 1967 | 29.8 | 3.668 |
| 1968 | 30.8 | 3.541 |
| 1969 | 32.8 | 3.332 |
| 1970 | 34.9 | 3.131 |
| 1971 | 35.4 | 3.087 |
| 1972 | 38.6 | 2.831 |
| 1973 | 48.7 | 2.241 |
| 1974 | 57.8 | 1.889 |
| 1975 | 58.5 | 1.867 |
| 1976 | 63.3 | 1.725 |
| 1977 | 66.0 | 1.654 |
| 1978 | 69.6 | 1.569 |
| 1979 | 77.1 | 1.416 |
| 1980 | 84.1 | 1.298 |
| 1981 | 84.4 | 1.294 |
| 1982 | 84.7 | 1.290 |

| 改正後 | | | 改正前 | | |
|---|---|---|---|---|---|
| 1983 | 79.7 | 1.325 | 1983 | 84.7 | 1.290 |
| 1984 | 81.5 | 1.296 | 1984 | 86.5 | 1.262 |
| 1985 | 81.1 | 1.302 | 1985 | 86.1 | 1.268 |
| 1986 | 80.6 | 1.310 | 1986 | 85.5 | 1.276 |
| 1987 | 82.0 | 1.288 | 1987 | 87.1 | 1.254 |
| 1988 | 83.6 | 1.263 | 1988 | 88.7 | 1.231 |
| 1989 | 88.0 | 1.200 | 1989 | 93.5 | 1.168 |
| 1990 | 91.0 | 1.160 | 1990 | 96.7 | 1.130 |
| 1991 | 93.3 | 1.132 | 1991 | 99.1 | 1.102 |
| 1992 | 94.6 | 1.116 | 1992 | 100.4 | 1.087 |
| 1993 | 95.1 | 1.110 | 1993 | 101.0 | 1.081 |
| 1994 | 95.5 | 1.106 | 1994 | 101.4 | 1.077 |
| 1995 | 95.6 | 1.105 | 1995 | 101.5 | 1.076 |
| 1996 | 95.8 | 1.102 | 1996 | 101.8 | 1.073 |
| 1997 | 96.5 | 1.094 | 1997 | 102.5 | 1.065 |
| 1998 | 94.7 | 1.115 | 1998 | 100.5 | 1.086 |
| 1999 | 93.8 | 1.126 | 1999 | 99.6 | 1.097 |
| 2000 | 94.0 | 1.123 | 2000 | 99.8 | 1.094 |
| 2001 | 92.4 | 1.143 | 2001 | 98.1 | 1.113 |
| 2002 | 91.5 | 1.154 | 2002 | 97.1 | 1.124 |
| 2003 | 92.0 | 1.148 | 2003 | 97.7 | 1.117 |
| 2004 | 93.1 | 1.134 | 2004 | 98.8 | 1.105 |
| 2005 | 94.2 | 1.121 | 2005 | 100.0 | 1.092 |
| 2006 | 96.0 | 1.100 | 2006 | 102.0 | 1.071 |
| 2007 | 98.5 | 1.072 | 2007 | 104.6 | 1.044 |
| 2008 | 101.6 | 1.039 | 2008 | 107.9 | 1.012 |
| 2009 | 98.2 | 1.075 | 2009 | 104.3 | 1.047 |

改正後

| 2010 | 98.5 | 1.072 |
|---|---|---|
| 2011 | 100.0 | 1.056 |
| 2012 | 99.3 | 1.063 |
| 2013 | 101.7 | 1.038 |
| 2014 | 105.2 | 1.004 |
| 2015 | 105.4 | 1.002 |
| 2016 以降 | 105.6 | 1.000 |

(例) 2000 年度に建設した建物の建設単価等上昇率は、1.123 となる。

改正前

| 2010 | 104.6 | 1.044 |
|---|---|---|
| 2011 | 106.2 | 1.028 |
| 2012 | 104.5 | 1.045 |
| 2013 | 107.0 | 1.021 |
| 2014 | 109.8 | 0.995 |
| 2015 以降 | 109.2 | 1.000 |

(例) 2000 年度に建設した建物の建設単価等上昇率は、1.094 となる。

※ 今般の改正において、その他の指標について改正は行わないので留意のこと。

社援基発０１２４第１号
平成２９年１月２４日

都道府県
各　指定都市　民生主管部（局）長　殿
　　中　核　市

厚生労働省社会・援護局福祉基盤課長
（　公　印　省　略　）

「社会福祉充実計画の承認等に係る事務処理基準」に基づく別に定める単価等について

　「社会福祉法第５５条の２の規定に基づく社会福祉充実計画の承認等について」（平成２９年１月２４日付け雇児発０１２４第１号、社援発０１２４第１号、老発０１２４第１号厚生労働省雇用均等・児童家庭局長、社会・援護局長、老健局長連名通知）については、本日付け公布されたところであるが、当該通知の別添「社会福祉充実計画の承認等に係る事務処理基準」に規定する別に定める単価等を下記のとおり定め、平成２９年４月１日より適用することとしたので、御了知の上、管内市区町村及び社会福祉法人等関係各方面に周知願いたい。
　なお、本通知は、地方自治法（昭和２２年法律第６７号）第２４５条の９第１項及び第３項の規定に基づく都道府県及び市が法定受託事務を処理するに当たりよるべき基準として発出するものであることを申し添える。

記

１．「社会福祉充実計画の承認等に係る事務処理基準」（以下「事務処理基準」という。）の３の（５）の③の規定に基づき、別に通知する建設工事費デフレーターによる上昇率については、別表に掲げるとおりとするともに、別に定める１㎡当たりの建設等単価については、２５０，０００円とする。

２．事務処理基準の３の（５）の④の規定に基づき、一般的な自己資金比率として、別に定める割合については、２２％とする。

３．事務処理基準の３の（５）の⑤の規定に基づき、大規模修繕に必要な費用として、別に定める割合については、３０％とする。

------

＜資料編集者注＞
　別表（建設工事費デフレーター）は、本資料集収録の、「「社会福祉充実計画の承認等に係る事務処理基準」に基づく別に定める単価等について」の一部改正について（平成30年1月23日　社援基発0123第2号）で改正されているので、ここでは省略します。

------

第4章 資料編

事 務 連 絡
平成３０年１月２３日

都 道 府 県
各 　 指 定 都 市 　社会福祉法人担当課（室）　 御中
中 核 市

厚生労働省社会・援護局福祉基盤課

「社会福祉充実計画の承認等に関するＱ＆Ａ（vol.3）」について

　平素より、社会福祉法人制度の円滑な運営にご尽力を賜り、感謝申し上げます。
　社会福祉充実計画の承認等に関する事務処理については、日頃からご質問の多い事項についてＱ＆Ａを取りまとめ、お示しをしているところですが、今般、考え方を一層明確にする観点から、新たに一部Ｑ＆Ａを追加・修正いたしましたので、御了知いただくとともに、貴管内市区町村及び社会福祉法人等の関係者に周知いただきますよう、お願いいたします。
　なお、今回の vol.3 において新たに追加又は修正したＱ＆Ａは、赤字及び下線を付したものとなります。
　また、当該追加・修正Ｑ＆Ａについては、平成３０年度から適用します。

第4章

133

（別添）

# 社会福祉充実計画の承認等に関するＱ＆Ａ（vol.3）

## 【１．社会福祉充実残額の算定】 ......................................................................... - 10 -

問1　社会福祉充実残額は毎会計年度算定しなければならないのか。 ........................................... - 10 -

問2　社会福祉充実残額はどのような使途に活用できるのか。 ................................................. - 10 -

問3　措置費施設において社会福祉充実残額が生じた場合、措置費を社会福祉充実事業に充てることはできるのか。 ......................................................................................................... - 10 -

問4　社会福祉充実残額の算定結果は、所轄庁にどのような形で提出すれば良いか。また、社会福祉充実残額が生じなかった法人についても、当該算定結果を所轄庁に提出する必要があるのか。 ......... - 11 -

問5　社会福祉充実残額の算定は、法人全体として算定するのか、それとも施設種別単位で算定することになるのか。 ................................................................................................. - 11 -

問6　「計画の策定に係る費用が社会福祉充実残額を上回ることが明らかな場合」とは、どのような場合か。【事務処理基準3の(2)関係】 ........................................................................... - 11 -

問7　社会福祉充実残額が正の数字となったものの、「計画の策定に係る費用が社会福祉充実残額を上回ることが明らかな場合」に該当するような場合であっても、評議員会の承認、公認会計士・税理士等への意見聴取に係る義務は生じるか。【事務処理基準3の(2)関係】 ................................... - 11 -

問8　人件費積立資産や施設整備積立資産については、何故控除対象財産とならないのか。【事務処理基準3の(4)の①関係】 ........................................................................................... - 12 -

問9　措置費を原資とする人件費積立資産や施設整備積立資産については、控除対象財産となるのか。【事務処理基準3の(4)の①関係】 ............................................................................. - 12 -

問10　大規模災害に備えて計上している積立資産は控除対象財産となるのか。【事務処理基準3の(4)の①関係】 ...................................................................................................... - 12 -

問11　共同募金会における赤い羽根共同募金に係る積立資産は控除対象財産となるのか。【事務処理基準3の(4)の①関係】 ............................................................................................ - 12 -

134

第4章　資料編

問12　助成事業の原資となる積立資産は控除対象財産となるのか。【事務処理基準3の(4)の①関係】- 13 -

問13　助成事業の原資として控除対象財産に該当する積立資産とは、どのような要件を満たせば良いか。【事務処理基準3の(4)の①関係】......................................................................- 13 -

問14　社会福祉充実計画において、平成29年度に土地を購入し、平成32年度に当該土地に建物を建設して事業を開始する場合、平成30年度において当該土地を控除対象財産として良いか。.........- 13 -

問15　法人に基金を設置し、当該基金の運用益を特定事業の費用に充てているが、このような場合、当該基金は控除対象財産に該当するものとして考えて良いか。【事務処理基準3の(4)の①関係】.....- 14 -

問16　社会福祉充実残額を算定する会計年度の翌年度に新たな施設を建設する場合に、当該建設費用を控除対象財産として取り扱って良いか。【事務処理基準3の(4)の①関係】...........................- 14 -

問17　都道府県等が実施する退職共済制度に加入している法人において、会計処理上、資産の部の退職給付引当資産に掛金を計上する一方、負債の部の退職給付引当金に約定の給付額を計上するなどにより、退職給付引当資産が退職給付引当金よりも多く計上されている場合に、当該差額部分は控除対象財産として取り扱って良いか。【事務処理基準3の(4)の①関係】....................................................- 14 -

問18　法人設立時に、所轄庁から基本財産を3億円確保するよう指導された経緯があるが、現行の関係通知のルールに基づけば、必要な基本財産は原則1億円となる。このような場合であっても、控除対象財産の対象となる基本財産は1億円となってしまうのか。【事務処理基準3の(4)の①の注1関係】......- 15 -

問19　「国や自治体からの補助を受け、又は寄付者等から使途・目的が明確に特定されている寄付金等により設置された積立資産等」とは、どのようなものを想定しているのか。【事務処理基準3の(4)の①の注3関係】....................................................................................................................- 15 -

問20　「国や自治体からの補助を受け、又は寄付者等の第三者から使途・目的が明確に特定されている寄付等の拠出を受け、設置された積立資産等」に、法人の自主財源が一部混在している場合、当該積立資産は全額控除対象財産として良いか。【事務処理基準3の(4)の①の注3関係】........................- 16 -

問21　原子力発電所事故による東京電力からの賠償金について、現預金で保有している場合、控除対象財産となるのか。【事務処理基準3の(4)の①の注4関係】.................................................- 16 -

問22　対応基本金の調整において、3号基本金相当額を除く趣旨如何。【事務処理基準3の(4)の②関係】.......................................................................................................................- 16 -

問23 対応負債の調整において、1年以内返済予定設備資金借入金等特定の科目の合計額とする趣旨如何。【事務処理基準3の(4)の③関係】.................................................................- 17 -

問24 財産目録の記載に当たって、ある科目に記載すべき資産の数量が大量にある場合、控除対象となる資産と、控除対象とはならない資産の2つに区分した上で、当該区分ごとに、代表例を記載し、それぞれ数量を記載（〇〇ほか〇個）する方法によることは可能か。【事務処理基準3の(4)の⑤関係】....- 17 -

問25 財産目録の記載に当たって、現預金については、原則として控除対象財産とならないこととされているが、貸付事業の原資などを現預金として計上している場合、どのように取り扱うべきか。【事務処理基準3の(4)の⑤関係】.................................................................................- 17 -

問26 「再取得に必要な財産」の算定は、建物単位で行うこととされているが、増築又は改築・大規模修繕を行っているような場合は、どのような単位で算定すべきか。【事務処理基準3の(5)関係】.........- 18 -

問27 「再取得に必要な財産」の算定に当たって、本体建物部分と、増築部分とに区分して計算を行う場合に、照明設備等の建物付属設備の更新費用など、両者が一体不可分であって、これらを明確に区分できない固定資産については、どのように取り扱うべきか。【事務処理基準3の(5)関係】....................- 18 -

問28 中古物件を取得した場合の「再取得に必要な財産」の算定方法如何。【事務処理基準3の(5)関係】.........................................................................................................................- 18 -

問29 減価償却累計額の算定に当たって、建物のうち、建物付属設備については、どのように取り扱うべきか。【事務処理基準3の(5)の②関係】.....................................................................- 19 -

問30 減価償却累計額の算定に当たって、基本財産に位置付けている建物Aの建物付属設備について、建物A建設当初のものについては基本財産に計上し、その後に増設した付属設備については、その他の固定資産における構築物に計上しているような場合、どのように取り扱うべきか。【事務処理基準3の(5)の②関係】.........................................................................................................- 20 -

問31 建物建設時の1㎡当たり単価の算出に当たって、賃借建物に係る内部造作や本体建物とは独立した物置などについては、どのように取り扱うべきか。【事務処理基準3の(5)の③関係】..................- 20 -

問32 一般的な自己資金比率はどのように設定されているのか。また、この値はいつ見直されるのか。【事務処理基準3の(5)の④関係】.................................................................................- 20 -

問33 自治体から建物の無償譲渡を受けた場合、建設時の自己資金比率については、どのように取り扱うべきか。【事務処理基準3の(5)の④関係】..........................................................- 21 -

136

第4章　資料編

問34　個人から建物の寄付を受けた場合、建設時の自己資金比率については、どのように取り扱うべきか。
【事務処理基準3の(5)の④関係】.................................................................................................- 21 -

問35　建設時の自己資金比率については、「当該建物の建設に係る自己資金額÷当該建物の建設時の取得価額」の計算式により、算出することとされているが、この場合の自己資金額には、どのような費用を含めれば良いか。【事務処理基準3の(5)の④関係】.................................................- 21 -

問36　大規模修繕費の実績額の記載に当たって、どのような費用を大規模修繕費として捉えれば良いか。
【事務処理基準3の(5)の⑤関係】.................................................................................................- 22 -

問37　「主として施設・事業所の経営を目的としていない法人等の特例」については、「再取得に必要な財産」と「必要な運転資金」の合計額が法人全体の年間事業活動支出を下回る場合は、施設・事業所の経営の有無に関わらず、これに該当する全ての法人がその適用を受けられるものと考えて良いのか。【事務処理基準3の(7)関係】.................................................................................................- 23 -

問38　「主として施設・事業所の経営を目的としていない法人等の特例」の要件に該当する場合であっても、法人の判断として特例の適用を受けないことは可能か。【事務処理基準3の(7)関係】..............- 23 -

問39　社会福祉充実残額は、会計処理上、その他の積立金及び積立資産として計上する必要があるのか。.................................................................................................................................................- 23 -

問40　「活用可能な財産」の額が、「社会福祉法に基づく事業に活用している不動産等」、「再取得に必要な財産」、「必要な運転資金」、「年間事業活動支出」のいずれかを下回る場合、その他の計算を省略して良いか。.........................................................................................................................................- 23 -

【２．社会福祉充実計画】.................................................................................................................- 24 -

問41　社会福祉充実残額を算定した結果、その額が10万円などの少額である場合であっても、社会福祉充実計画を作成する必要があるのか。.........................................................................................- 24 -

問42　社会福祉充実計画において、災害等のリスクに備えた積立てを行う、又は単に外部の社会福祉法人に資金を拠出するといった内容を記載することは可能か。.........................................................- 24 -

問43　社会福祉充実計画に盛り込むべき内容として、①一定の対象者に対して、②受益的なサービスや給付等を、③新たに実施する又はそれらの充実を図るための支出を行うこととされているが、具体的にはどのように理解すれば良いか。.........................................................................................................- 25 -

問44　社会福祉充実計画に記載すべき事業内容は、どのような内容を記載すべきか。.................- 25 -

問45 社会福祉充実計画において、法人における検討の結果、第1順位である社会福祉事業は実施せず、第2順位である地域公益事業又は第3順位である公益事業のみを実施することは可能か。........- 25 -

問46 社会福祉充実計画において、社会福祉充実残額を将来において見込まれる既存事業の赤字により費消するといった内容を記載することは可能か。.................................................................- 26 -

問47 社会福祉充実計画において、建物に係る借入金を返済するといった内容を記載することは可能か。.......................................................................................................................................- 26 -

問48 社会福祉充実計画においては、事業費を記載することとされているが、当該事業費は、社会福祉法人会計基準に定める事業費に限定され、人件費や事務費は含まないという理解で良いか。........- 26 -

問49 法人が既に実施している事業を社会福祉充実計画に基づく社会福祉充実事業に振り替えることは可能か。.......................................................................................................................................- 26 -

問50 社会福祉充実計画において、退職職員の補充を行うことは可能か。....................................- 27 -

問51 社会福祉充実計画において、職員の給与改善を行う場合、当該改善を行う職員に係る給与全額を盛り込んで良いか。それとも改善に係る相当額のみを盛り込むべきか。....................................- 27 -

問52 平成30年度に策定する社会福祉充実計画において、平成29年度の給与規定の改正に基づく、職員の給与改善の実施を盛り込むことは可能か。...................................................................- 27 -

問53 社会福祉充実計画において、施設の建替・設備整備を行う場合、「既存事業の充実」に資するものとするため、必ず定員の増加を伴うものでなければならないと解すべきか。...................................- 28 -

問54 社会福祉充実計画において建物の建設を行う場合、当該計画には建設の着工及び竣工までを盛り込むことで足りるか。...................................................................................................................- 28 -

問55 社会福祉充実計画の承認に当たって、判断が難しい事例がある。当該事例ごとにその適否を示されたい。...................................................................................................................................- 29 -

問56 社会福祉充実計画の承認に当たって、当該計画に複数の事業が盛り込まれている場合であって、要件を満たすA事業と、要件を満たしていないB事業とが混在している場合、どのように取り扱うべきか。- 31 -

問57 社会福祉充実計画の実施期間については、原則5か年度以内のところ、合理的な理由があると認められる場合には10か年度以内とすることができることとされているが、具体的な判断基準如何。【事務処理基準4の(4)関係】...................................................................................................- 31 -

問58 実施期間を5か年度とする社会福祉充実計画の申請がなされ、内容を確認したところ、2か年度で社会福祉充実残額全額を費消するような場合であっても、5か年度の計画として承認して良いか。..- 31 -

問59 社会福祉充実計画原案について、評議員会で承認を受けた後に、公認会計士・税理士等に確認書の作成を依頼することは可能か。.................................................................................- 32 -

問60 社会福祉充実計画について、複数地域で事業を実施する場合、どの地域で申請を行うべきか。また、事業の実施地域についての制限はあるのか。...................................................- 32 -

問61 社会福祉充実計画の確認は，業務委託を行っている公認会計士・税理士やこれらの資格を有する役職員でも可能か。【事務処理基準5関係】.................................................- 32 -

問62 社会福祉充実計画の策定に当たって、公認会計士等の専門家の意見を聴くとされているが、所轄庁が承認する際にも、同様の手続きを行う必要があるのか。...................................- 32 -

問63 複数の社会福祉法人の事業区域等が重なり、社会福祉充実事業の実施に当たって効率性や実効性が乏しい状況となる可能性がある場合には、所轄庁又は市町村社会福祉協議会若しくは都道府県社会福祉協議会がこれを調整することは可能か。.................................................- 33 -

問64 公認会計士・税理士等の確認書の作成に要する費用は、社会福祉充実残額を充てることができるのか。...............................................................................................- 33 -

問65 社会福祉充実計画の事業費が社会福祉充実残額を上回る場合、計画書における事業費等の記載方法如何。....................................................................................- 34 -

問66 当初策定した社会福祉充実計画（実施期間：平成29年度～平成33年度末までの5年間）について、平成32年度に変更を行った場合、当該計画の実施期間は、変更年度である平成32年度から平成36年度末までの計画に延長されるという理解で良いか。.................................- 35 -

問67 当初策定した社会福祉充実計画において、単身高齢者の見守りを行う事業の実施が予定されていたところ、計画実施期間の途中で、建物の建替を行う事業へと、計画の内容が抜本的に変更されるような場合、変更申請により対応して良いか。.................................................- 35 -

問68 社会福祉充実計画の変更に当たって、承認申請事項と届出事項とが混在する場合、それぞれ別々の書類を提出させるべきか。【事務処理基準10関係】.....................................- 36 -

問69 社会福祉充実計画の変更は、どのような時期に行うべきか。【事務処理基準10関係】.........- 37 -

問70　承認社会福祉充実計画において、事業開始時期が8月1日とされていたところ、実際の事業開始時期は9月1日となり、また、事業費についても変動が見込まれる。このような場合についても計画の変更は必要なのか。【事務処理基準10関係】.................................................................- 37 -

問71　承認社会福祉充実計画について、社会福祉充実残額が変動した場合、それのみをもって変更手続きを行う必要があるのか。【事務処理基準10関係】.................................................- 38 -

問72　問71において、実際上の社会福祉充実残額が計画策定時の見込みの倍以上に増加した場合は、計画の変更を行うことが必要とされているが、「計画策定時の見込み」とは具体的にどの値を指すか。【事務処理基準10関係】.................................................................- 38 -

問73　問14において、社会福祉充実計画により購入した土地が当該計画の実施期間満了まで控除対象財産とならないことにより、実際上の社会福祉充実残額が計画策定時の見込みの倍以上に増加した場合、計画の変更を行う必要があるのか。.................................................- 38 -

問74　法人において緊急的な支出の必要性が生じた場合に、所轄庁の承認を得ずに、社会福祉充実残額をその支出に充てることはできるのか。.................................................- 39 -

問75　社会福祉充実事業について、予測できない財務状況の変化等により、明らかに社会福祉充実残額が不足する事態となった場合、どのような対応をすれば良いか。.................................- 39 -

問76　社会福祉充実計画の公表に当たって、社会福祉充実残額算定シートについても併せて公表する必要があるのか。【事務処理基準12関係】.................................................- 39 -

問77　社会福祉充実計画の公表に当たって、母子生活支援施設を運営している場合など、法人の所在地を公表することにより、利用者等の安全に支障を及ぼすおそれがある場合、どのように対応すれば良いか。【事務処理基準12関係】.................................................- 39 -

問78　社会福祉充実計画の実績の公表はどのような様式で行えば良いか。【事務処理基準12関係】....- 40 -

問79　○○市の所管法人が社会福祉充実計画の承認申請を行うに当たって、当該計画において○○市以外での事業所の開設を含む内容となっていることから、当該計画が承認されれば、年度の途中から所轄庁が○○市から□□県に変わることとなる。このような場合、6月30日時点の旧所轄庁（○○市）に計画の承認申請を行うべきか、それとも事業実施後の新所轄庁（□□県）に申請を行うべきか。.........- 40 -

問80　承認社会福祉充実計画については、2年目以降、どのような手続が必要となるのか。..........- 40 -

140

問81　法人から申請のあった社会福祉充実計画について、本来記載すべき内容が記載されていない又は事業内容が問42に掲げる要件に明らかに適合していないなど、不適法な内容である場合、所轄庁においては、どのように取り扱うべきか。................................................................- 41 -

## 【３．地域協議会】...............................................................................................- 42 -

問82　地域協議会の運営に当たって、所轄庁においてはどのような事務を行えば良いか。.............- 42 -

問83　地域協議会の開催費用については、どこが負担すべきか。...............................................- 42 -

問84　地域協議会は必ず設置しなければならないのか。また、法人が自ら地域の関係者から意見聴取を行うことは可能か。...........................................................................................................- 43 -

問85　地域協議会において意見聴取を行うに当たって、社会福祉充実計画原案を作成した法人の出席は必ず必要か。また、地域協議会の構成員から書面により意見聴取を行うといった方法は可能か。.- 43 -

問86　地域公益事業の実施とともに、既存事業の充実を図ることを内容とする社会福祉充実計画の場合、既存事業の充実部分についても、地域協議会の意見を聴く必要があるのか。................................- 44 -

問87　法人から地域公益事業の実施希望がない場合、地域協議会は開催しなくても良いか。........- 44 -

問88　法人が当該法人の所轄庁以外の区域で地域公益事業を実施する場合、当該法人の所轄庁はどのような対応を行うべきか。...................................................................................................- 44 -

問89　自らの所管地域内において、他の所轄庁が所管する法人が事業の実施を希望する場合には、どのように対応すべきか。.......................................................................................................- 44 -


（注１）問中の【】書については、当該問に関連する「社会福祉法第５５条の２の規定に基づく社会福祉充実計画の承認等について」（平成２９年１月２４日付け雇児発0124第１号、社援発0124第１号、老発0124第１号通知）の別添「社会福祉充実計画の承認等に係る事務処理基準」の条番号を示す。

（注２）平成２９年４月２５日付け事務連絡「社会福祉充実計画の承認等に関するＱ＆Ａ（vol.２）」から問番号が変更されているものがあるので、留意のこと。

## 【1．社会福祉充実残額の算定】

> 問1　社会福祉充実残額は毎会計年度算定しなければならないのか。

（答）

1. 社会福祉充実残額については、法第55条の2第1項の規定に基づき、社会福祉充実計画の実施期間中を含め、毎会計年度、算定しなければならないものである。

> 問2　社会福祉充実残額はどのような使途に活用できるのか。

（答）

1. 社会福祉充実残額の使途については、法人において、

   ①　社会福祉事業及び法第2条第4項第4号に規定する事業に該当する公益事業

   ②　地域公益事業

   ③　公益事業のうち①及び②に該当する事業以外のもの

   の順にその実施を検討し、社会福祉充実計画にその事業内容を記載することになる。

2. その具体的な使途については、上記①から③までの事業の範囲で、職員処遇の改善や既存建物の建替、新規施設の建設のほか、新たな人材雇用、新たな取組に要する事業費など、法人が地域の福祉ニーズ等を踏まえた上で、一定の支出を伴う事業に充てる必要があり、最終的にはその経営判断の下、決定することとなる。

> 問3　措置費施設において社会福祉充実残額が生じた場合、措置費を社会福祉充実事業に充てることはできるのか。

（答）

1. 措置費や保育所委託費については、措置費等弾力運用通知において、措置費又は委託費収入の30％の範囲内で、当期末支払資金残高を翌年度に繰り越した上で、同一法人が運営する社会福祉事業等の費用に充てることが可能とされている。

2. よって、前期末支払資金残高については、当該通知に定める使途の範囲内で、その全部又は一部を社会福祉充実残額に充当し、これを社会福祉充実事業として、既存の社会福祉事業や公益事業の充実又は新たな事業の実施に係る費用に充てることが可能である。

142

第4章　資料編

> 問4　社会福祉充実残額の算定結果は、所轄庁にどのような形で提出すれば良いか。また、社会福祉充実残額が生じなかった法人についても、当該算定結果を所轄庁に提出する必要があるのか。

（答）

1. 社会福祉充実残額の算定結果については、社会福祉充実残額が生じなかった法人を含め、毎会計年度、6月30日までに、「計算書類」及び「現況報告書」とともに、「社会福祉充実残額算定シート」に必要事項を記入の上、「社会福祉法人の財務諸表等電子開示システム」を利用して入力を行う、又は当該シートを郵送又は電子メール等により送付することにより行うこととなる。

2. なお、「現況報告書」においても、社会福祉充実残額の有無や規模等の項目が設けられている。

> 問5　社会福祉充実残額の算定は、法人全体として算定するのか、それとも施設種別単位で算定することになるのか。

（答）

1. 個々の施設種別単位ではなく、法人単位の貸借対照表等を用いて、法人全体として算出することとなる。

> 問6　「計画の策定に係る費用が社会福祉充実残額を上回ることが明らかな場合」とは、どのような場合か。【事務処理基準3の（2）関係】

（答）

1. 公認会計士・税理士等への意見聴取費用や社会福祉充実事業の実施に向けたマーケティング費用等に係る見積もりの結果、当該費用が社会福祉充実残額を上回っているような場合などが想定される。

2. なお、当該見積もりに係る書類は、「社会福祉充実残額の計算過程に関する書類」として、社会福祉充実残額算定シート及びその別添「財産目録様式」とともに、10年間保存しておくことが必要である。

> 問7　社会福祉充実残額が正の数字となったものの、「計画の策定に係る費用が社会福祉充実残額を上回ることが明らかな場合」に該当するような場合であっても、評議員会の承認、公認会計士・税理士等への意見聴取に係る義務は生じるか。【事務処理基準3の（2）関係】

（答）

1. 義務は生じない。

—11—

> 問8　人件費積立資産や施設整備積立資産については、何故控除対象財産とならないのか。
> 【事務処理基準3の(4)の①関係】

（答）

1. 社会福祉充実残額の算定ルールは、全法人にとって公平なものであることが必要であることから、法人の任意でその多寡を決定できる積立資産については、会計上これが計上されていることのみをもって控除対象財産とはならない。

> 問9　措置費を原資とする人件費積立資産や施設整備積立資産については、控除対象財産となるのか。【事務処理基準3の(4)の①関係】

（答）

1. 措置費を原資とする人件費積立資産や施設整備積立資産については、問8の回答と同様、控除対象財産とはならないが、措置費を原資とする積立資産には使途に制限があるため、それぞれの積立資産に係る使途制限の範囲内で、社会福祉充実計画の内容を検討の上、当該計画を作成することとなる。

> 問10　大規模災害に備えて計上している積立資産は控除対象財産となるのか。【事務処理基準3の(4)の①関係】

（答）

1. 大規模災害に備えて計上している積立資産については、控除対象財産の算定に当たって、最低限建物の建替等に必要な費用を考慮しているとともに、全法人に公平なルールを設定することが困難であることから、控除対象財産とはならない。

2. なお、大規模災害発生時には、法人の経営判断の下、社会福祉充実残額の有無にかかわらず、その保有する財産を活用することを妨げるものではない。

> 問11　共同募金会における赤い羽根共同募金に係る積立資産は控除対象財産となるのか。
> 【事務処理基準3の(4)の①関係】

（答）

1. 共同募金会における赤い羽根共同募金に係る積立資産については、共同募金事業の性質上、寄付者から募金を集め、これを分配することが事業そのものの目的であることから、「社会福祉法に基づく事業に活用している不動産等」として控除対象財産に該当するものである。

第4章　資料編

問12　助成事業の原資となる積立資産は控除対象財産となるのか。【事務処理基準3の(4)
　　の①関係】

（答）

1. 助成事業の原資となる積立資産については、助成事業の性質上、一定の積立資産を取り崩す
　などにより、民間団体等に助成を行うことが事業そのものの目的であることから、「社会福祉法に
　基づく事業に活用している不動産等」として控除対象財産に該当するものである。

2. なお、社会福祉充実計画において、社会福祉充実残額を助成事業の原資に充てる場合につい
　ては、当該計画に基づき、当該助成事業の実施経費として、法人外に支出されることが必要であ
　ることから、当該計画の実施期間において、社会福祉充実残額のうち、当該原資に充てるための
　積立資産等については、「社会福祉法に基づく事業に活用している不動産等」として、控除対象
　財産には該当しないものとして取り扱うこと。

問13　助成事業の原資として控除対象財産に該当する積立資産とは、どのような要件を満た
　　せば良いか。【事務処理基準3の(4)の①関係】

（答）

1. 助成事業の原資となる積立資産として、控除対象財産に該当するためには、

　①　法人の定款において、助成事業を行うことが規定されるとともに、

　②　個別の助成事業の実施に係る要綱等が作成され、

　現に当該積立資産が助成事業の原資として活用されていることが明確になっていることが必要で
　ある。

問14　社会福祉充実計画において、平成 29 年度に土地を購入し、平成 32 年度に当該土地
　　に建物を建設して事業を開始する場合、平成 30 年度において当該土地を控除対象財産と
　　して良いか。

（答）

1. 社会福祉充実計画に基づき、新たに取得した土地を控除対象財産として取り扱った場合、当該
　計画の実施期間中にもかかわらず、社会福祉充実残額がマイナスとなり、計画の終了に至ってし
　まうようなケースが出てくることなどが想定される。

2. よって、このような事態を回避するため、社会福祉充実計画に基づき新たに取得した土地及び
　建物（建設中のため建設仮勘定に計上している場合を含む。）に限っては、これらを控除対象財
　産とはせずに、財産目録上、「社会福祉充実計画用財産」として別個に管理した上、当該土地等
　を取得した年度の次年度から計画を終了するまでの間、社会福祉充実財産の算定の際に、社
　会福祉充実残額から、当該貸借対照表価額を差し引くことができるものとする。（関連：問73）

－13－　　　145

問15　法人に基金を設置し、当該基金の運用益を特定事業の費用に充てているが、このような場合、当該基金は控除対象財産に該当するものとして考えて良いか。【事務処理基準3の（4）の①関係】

（答）

1. 当該基金が国や自治体からの補助や第三者からの寄付等によって使途・目的等が明確に定められているものではない限り、控除対象財産には該当しない。

問16　社会福祉充実残額を算定する会計年度の翌年度に新たな施設を建設する場合に、当該建設費用を控除対象財産として取り扱って良いか。【事務処理基準3の（4）の①関係】

（答）

1. 社会福祉充実残額を算定する会計年度の翌年度に新たな施設を建設する場合については、国庫補助等の内示を受け、又は建設会社等との契約が締結され、建設費用が相当程度確定している場合であって、翌年度における当該建物に係る着工時期が既に決定されているとき（これらの事実関係が書面により明らかである場合に限る。）には、当該建設費用のうち、自己資金（寄付金を含む。）相当額を「社会福祉法に基づく事業に活用している不動産等」として、控除して差し支えない。

2. なお、当該自己資金相当額が現預金に計上されている場合の財産目録の記載方法については、問25の方法によること。

問17　都道府県等が実施する退職共済制度に加入している法人において、会計処理上、資産の部の退職給付引当資産に掛金を計上する一方、負債の部の退職給付引当金に約定の給付額を計上するなどにより、退職給付引当資産が退職給付引当金よりも多く計上されている場合に、当該差額部分は控除対象財産として取り扱って良いか。【事務処理基準3の（4）の①関係】

（答）

1. ご指摘のような場合、資産の部に計上されている当該差額部分は、社会福祉充実残額として活用することが困難な資産であることから、控除対象財産に該当するものとして取り扱って差し支えない。

2. なお、この場合の財産目録の記載方法については、問25の方法によること。

146

第4章　資料編

> 問18　法人設立時に、所轄庁から基本財産を3億円確保するよう指導された経緯があるが、現行の関係通知のルールに基づけば、必要な基本財産は原則1億円となる。このような場合であっても、控除対象財産の対象となる基本財産は1億円となってしまうのか。【事務処理基準3の(4)の①の注1関係】

（答）

1. 法人設立時に、現行の関係通知に基づく金額以上の基本財産を確保するよう、所轄庁から指導を受けたような経緯がある場合であって、社会福祉充実残額の算定時においても引き続き当該基本財産を保有している場合には、当該経緯にも配慮し、法人設立時における定款に記載される額等客観的に明らかな額の範囲において、控除対象とすることができるものとする。

2. よって、ご指摘のような場合であって、当該事実が客観的に確認できる書類がある場合には、3億円全額を控除対象として差し支えない。


> 問19　「国や自治体からの補助を受け、又は寄付者等から使途・目的が明確に特定されている寄付金等により設置された積立資産等」とは、どのようなものを想定しているのか。【事務処理基準3の(4)の①の注3関係】

（答）

1.「国や自治体からの補助を受けて設置された積立資産等」については、生活福祉資金貸付事業や介護福祉士等修学資金貸付事業による貸付原資などが該当する。

2. また、「寄付者等から使途・目的が明確に特定されている寄付金等により設置された積立資産等」については、寄付金や会費等の募集に当たってあらかじめ定められた募集要綱や会則等又は寄付者による寄付申込書等において、特定された使途が明記されているものにより設置された積立資産や現預金、有価証券が該当する。

3. なお、上記「特定された使途」とは、「法人運営全般」といったような、その使途に法人の広範な裁量性のあるものは該当せず、「○○施設の運営」、「○○事業の実施」など、要綱等において、事業の種類が特定されていることが必要である。

　※　寄付金の使途について、法人が寄付者等から、広範な裁量を委ねられているのであれば、当該寄付金が社会福祉充実残額に充当されたとしても、結果として法人が実施する事業に還元されるものであり、寄付者等の意向とは矛盾が生じないものと考えられる。

問20 「国や自治体からの補助を受け、又は寄付者等の第三者から使途・目的が明確に特定されている寄付等の拠出を受け、設置された積立資産等」に、法人の自主財源が一部混在している場合、当該積立資産は全額控除対象財産として良いか。【事務処理基準3の(4)の①の注3関係】

（答）

1. ご指摘のような場合、原則として法人の自主財源相当額を除き、国や自治体からの補助や第三者からの寄付等及びその運用益相当額が控除対象財産となるものであるが、当該積立資産の設置から相当程度の年数が経過するなどにより、これらを区分することが困難な場合には、平成29年3月31日時点における当該積立資産の全額を控除対象財産として差し支えない。

2. ただし、平成29年4月1日以降に、当該積立資産への法人の自主財源を繰り入れた場合、当該自主財源相当額については控除対象財産とはならない。

　　よって、平成29年3月31日段階における積立資産の額と、平成29年4月1日以降に当該積立資産に繰り入れた自主財源相当額とをそれぞれ区分して把握しておくこと。


問21 原子力発電所事故による東京電力からの賠償金について、現預金で保有している場合、控除対象財産となるのか。【事務処理基準3の(4)の①の注4関係】

（答）

1. 原子力発電所事故による東京電力からの賠償金については、現状復旧のために必要な資金であることから、これを現預金として保有している場合、当該賠償金の範囲で控除対象財産に該当するものである。


問22 対応基本金の調整において、3号基本金相当額を除く趣旨如何。【事務処理基準3の(4)の②関係】

（答）

1. 対応基本金については、「活用可能な財産」の算定時に既に基本金全額を控除していることから、「社会福祉法に基づく事業に活用している不動産等」の算定に当たって、当該不動産等の価値に含まれる基本金相当額の二重の控除を排除するため、これを差し引く調整を行うものである。

2. しかしながら、3号基本金相当額については、「施設の創設及び増築時等に運転資金に充てるために収受した寄附金の額」であり、不動産等の価額と直接関係するものではないことから、対応基本金の調整において3号基本金相当額を除くことができることとしたものである。

3. なお、「社会福祉法に基づく事業に活用している不動産等」の算定に当たって、3号基本金相当額が不明な場合には、当該3号基本金相当額を含め、基本金全額を差し引くものとする。

148

> 問23 対応負債の調整において、1年以内返済予定設備資金借入金等特定の科目の合計額とする趣旨如何。【事務処理基準3の(4)の③関係】

（答）

1. 対応負債については、「活用可能な財産」の算定時に既に負債全額を控除していることから、「社会福祉法に基づく事業に活用している不動産等」の算定に当たって、当該不動産等の価値に含まれる借入金相当額の二重の控除を排除するため、これを差し引く調整を行うものである。

2. 「社会福祉法に基づく事業に活用している不動産等」については、建物・設備に係る資産額が大部分を占めることとなるが、対応負債の算定に当たっては、概ね貸借対照表における①1年以内返済予定設備資金借入金、②1年以内返済予定リース債務、③設備資金借入金、④リース債務の合計額に相当するものと考えられることから、当該合計額を対応負債として擬制し、事務の簡素化を図ることとしたものである。

> 問24 財産目録の記載に当たって、ある科目に記載すべき資産の数量が大量にある場合、控除対象となる資産と、控除対象とはならない資産の2つに区分した上で、当該区分ごとに、代表例を記載し、それぞれ数量を記載（〇〇ほか〇個）する方法によることは可能か。【事務処理基準3の(4)の⑤関係】

（答）

1. 財産目録の記載に当たって、資産の数量が大量にある場合、拠点単位で記載しなければならないこととしている土地・建物を除き、貴見のとおり取り扱って差し支えない。

　（具体的な記載例）車輌運搬具の場合

　　【控除対象】（会社名）（車輌商品名）ほか20台

　　【控除非対象】（会社名）（車輌商品名）ほか5台

> 問25 財産目録の記載に当たって、現預金については、原則として控除対象財産とならないこととされているが、貸付事業の原資などを現預金として計上している場合、どのように取り扱うべきか。【事務処理基準3の(4)の⑤関係】

（答）

1. 財産目録の記載に当たって、現預金の中に貸付事業の原資など、「社会福祉法に基づく事業に活用している不動産等」に該当する資産が計上されている場合については、例外的に、現預金の欄を、控除対象とすべき資産と、控除非対象の財産の2段に分けて記載するものとする。

　（具体的な記載例）

　　【控除対象】〇円　〇〇事業貸付原資として

　　【控除非対象】〇円

問26 「再取得に必要な財産」の算定は、建物単位で行うこととされているが、増築又は改築・大規模修繕を行っているような場合は、どのような単位で算定すべきか。【事務処理基準3の(5)関係】

（答）

1. 「再取得に必要な財産」の算定に当たって、増築を行っている場合については、原則として、本体建物部分と、増築部分を区分してそれぞれ計算を行うものとする。この際、財産目録についてもこれらを区分することが必要である。

　　ただし、これにより難い場合については、これらを区分せず本体建物と一体のものとして、合算して算定を行うことができるものとする。（なお、この場合の建物取得年度については、本体建物の取得年度とする。）

2. また、改築・大規模修繕を行っている場合については、原則として、本体建物部分と、改築・大規模修繕部分を合算して計算を行うものとする。

　　ただし、改築・大規模修繕部分が面積の拡充を伴う場合など、これらを区分することが可能な場合については、区分して算定を行うことができるものとする。（この場合の建物取得年度については、それぞれの取得年度とする。また、財産目録についても区分することが必要である。）

問27 「再取得に必要な財産」の算定に当たって、本体建物部分と、増築部分とに区分して計算を行う場合に、照明設備等の建物付属設備の更新費用など、両者が一体不可分であって、これらを明確に区分できない固定資産については、どのように取り扱うべきか。【事務処理基準3の(5)関係】

（答）

1. 本体建物部分と増築部分とが一体不可分な固定資産については、建物延床面積割合などの合理的な方法により按分することとする。

問28 中古物件を取得した場合の「再取得に必要な財産」の算定方法如何。【事務処理基準3の(5)関係】

（答）

1. 中古物件を取得した場合には、当該取得価額の範囲内で、減価償却を行うこととなり、当該減価償却累計額を基に「再取得に必要な財産」を算定することとなる。

150

問29 減価償却累計額の算定に当たって、建物のうち、建物付属設備については、どのように取り扱うべきか。【事務処理基準3の(5)の②関係】

（答）

1. 社会福祉法人会計基準において、貸借対照表上、「建物」に計上すべき金額は、「建物及び建物付属設備」としているところであり、減価償却累計額の算定に当たっては、建物ごとに、当該建物付属設備を含む金額を計上することとなる。
2. なお、建物取得年度の記載に当たっては、建物と建物付属設備の取得年度が異なる場合であっても、建物付属設備の取得・更新時期にかかわらず、建物の取得年度とすること。

〈具体的なイメージ〉

（実際の建物の状況）

| 財産の名称 | 取得年度 | 減価償却累計額 |
|---|---|---|
| 建物A | 1980 | 2億円 |
| 建物付属設備A | 2000 | 0.4億円 |

（社会福祉充実残額算定シートにおける記載イメージ）

| 財産の名称 | 取得年度 | 減価償却累計額 |
|---|---|---|
| 建物A | 1980 | 2.4億円 |

※ 建物Aに係る「再取得に必要な財産（将来の建替に必要な費用）」は、2.4億円×1.298（1980年度の建設工事費デフレーター）×22％となる。

問30 減価償却累計額の算定に当たって、基本財産に位置付けている建物 A の建物付属設備について、建物 A 建設当初のものについては基本財産に計上し、その後に増設した付属設備については、その他の固定資産における構築物に計上しているような場合、どのように取り扱うべきか。【事務処理基準3の(5)の②関係】

（答）

1. ご指摘のような場合、建物付属設備については、「構築物」ではなく、「建物」の勘定科目を用いるとともに、建物 A の取得年度に応じた建設工事費デフレーターを用いること。

問31 建物建設時の1㎡当たり単価の算出に当たって、賃借建物に係る内部造作や本体建物とは独立した物置などについては、どのように取り扱うべきか。【事務処理基準3の(5)の③関係】

（答）

1. 建物建設時の1㎡当たり単価の算出に当たって、賃借建物に係る内部造作や本体建物とは独立した物置などについては、床面積は考慮せず、取得年度に応じた建設工事費デフレーターを使用するものとする。

問32 一般的な自己資金比率はどのように設定されているのか。また、この値はいつ見直されるのか。【事務処理基準3の(5)の④関係】

（答）

1. 一般的な自己資金比率については、「社会福祉法人における事業継続に必要な建設費と大規模修繕費に関する調査研究」（一般社団法人日本医療福祉建築協会）において、社会福祉法人の施設建設時の自己資金（寄付金を含み、借入金及び補助金を除く。）の実態を調査し、当該結果を踏まえ、全ての施設種別に共通する平均的な比率として設定している。

2. また、これは、近年の補助金比率の変動を的確に反映させる観点から、直近5年間に建設された施設のデータを用いている。

3. なお、平成30年度以降の具体的な比率については、「社会福祉法人の財務諸表等電子開示システム」の稼働状況を踏まえつつ、当該システムから得られたデータを元に、必要な見直しを定期的に行っていくこととしている。

第4章 資料編

> 問33 自治体から建物の無償譲渡を受けた場合、建設時の自己資金比率については、どのように取り扱うべきか。【事務処理基準3の(5)の④関係】

（答）

1. 自治体から建物の無償譲渡を受けた場合の建設時の自己資金比率については、当該建物の入手に当たって、法人としての自己資金は投入されていないことから、建設時の自己資金比率としては0％となるものであり、一般的な自己資金比率である22％を適用することとなる。

> 問34 個人から建物の寄付を受けた場合、建設時の自己資金比率については、どのように取り扱うべきか。【事務処理基準3の(5)の④関係】

（答）

1. 個人から建物の寄付を受けた場合の建設時の自己資金比率については、当該自己資金比率の算定時に自己資金には寄附金を含むこととしていることから、建設時の自己資金比率としては100％となる。

> 問35 建設時の自己資金比率については、「当該建物の建設に係る自己資金額÷当該建物の建設時の取得価額」の計算式により、算出することとされているが、この場合の自己資金額には、どのような費用を含めれば良いか。【事務処理基準3の(5)の④関係】

（答）

1. 建物建設時の自己資金額については、建物本体の建設費用のほか、土地造成費、既存建物解体費、仮移転等費用及び設計監理等費用、建物と一体的に整備した設備（厨房設備、機械浴槽等）や外構工事費等の合計額に係る自己資金相当額とすることができるものとする。
2. ただし、土地の取得費用は含まない。

第4章

> 問36 大規模修繕費の実績額の記載に当たって、どのような費用を大規模修繕費として捉えれば良いか。【事務処理基準3の(5)の⑤関係】

（答）

1. 大規模修繕費は、施設・設備の経年劣化に伴う施設の広範囲に渡る補修や、設備の更新・新設等の工事に係る費用を指すものであり、施設の一部を補修するものや応急的・一時的な対応、点検等のメンテナンスに係る費用は含まないものとする。

2. 具体的には、例えば以下のような工事が大規模修繕に該当する。

| | 大規模修繕等の工事に該当する例 | 大規模修繕等の工事に該当しない例<br>（施設の一部・応急的対応・メンテナンス行為） |
|---|---|---|
| 外壁 | ・全面的なタイルの補修<br>・全面的なシール更新<br>・全面的な外壁塗装更新 | ・剥落した一部タイルの補修<br>・割れた窓ガラスの交換<br>・外壁調査 |
| 屋根/防水 | ・防水トップコートの更新<br>・バルコニー防水/シート更新<br>・屋根面の塗装更新 | ・破損した防水の部分的な補修<br>・屋根の塗装剥落部分の補修 |
| 内装 | ・居室・トイレ・浴室等のリニューアル<br>・事務室のOAフロア化 | ・一部クロス剥離の補修<br>・漏水した部分のみの天井の補修<br>・扉の開閉不良の調整 |
| 電気 | ・地上デジタルTV設備の導入<br>・照明設備のLED化<br>・受電設備のトランス更新<br>・施設内通信設備の導入<br>・電気容量の増強 | ・管球の交換<br>・一部コンセントの不良補修<br>・事務室内LAN・電話の敷設 |
| 空調 | ・空調熱源の更新（個別空調化）<br>・空調配管の更新<br>・中央監視設備の更新 | ・空調配管の漏水部分のみの補修<br>・空調機等の故障部分のみの修理<br>・空調機オーバーホール<br>・フィルター/ダクト清掃 |
| 給排水 | ・給湯器の更新（電化等含む）<br>・給水/給湯ポンプの更新<br>・排水管のライニング更新<br>・トイレの増設 | ・排水管清掃<br>・水栓金物の漏水補修 |
| EV等昇降機 | ・エレベーター巻上機/制御盤/かごの更新<br>・ダムウェーターの更新 | ・エレベーターの定期保守・メンテナンス |
| その他 | ・厨房設備の更新<br>・インターホン・ICカード等セキュリティ対策工事<br>・エントランスへのスロープの設置 | ・ベッド・家具等の取替え<br>・外構植栽の剪定 |

3. なお、ここでいう大規模修繕費とは、会計処理上、固定資産に計上される資本的支出に限られるものではなく、上記のような工事に係る支出の合計額をいうものである。

4. また、大規模修繕に係る実績額が不明な場合には、例外的に事務処理基準3の(5)の⑤のただし書に規定する計算式によることができることとしているが、上記の工事に係る支出について、一部でも不明な場合には、当該計算式によることとして差し支えない。

問37 「主として施設・事業所の経営を目的としていない法人等の特例」については、「再取得に必要な財産」と「必要な運転資金」の合計額が法人全体の年間事業活動支出を下回る場合は、施設・事業所の経営の有無に関わらず、これに該当する全ての法人がその適用を受けられるものと考えて良いのか。【事務処理基準3の(7)関係】

(答)

1. 貴見のとおり取り扱って差し支えない。

問38 「主として施設・事業所の経営を目的としていない法人等の特例」の要件に該当する場合であっても、法人の判断として特例の適用を受けないことは可能か。【事務処理基準3の(7)関係】

(答)

1. 貴見のとおり取り扱って差し支えない。

問39 社会福祉充実残額は、会計処理上、その他の積立金及び積立資産として計上する必要があるのか。

(答)

1. 社会福祉充実残額については、会計基準による会計処理とは別の概念であることから、必ずしもその他の積立金(積立資産)として計上する必要はなく、社会福祉充実残額をどのような形で保有するかは法人の裁量である。

問40 「活用可能な財産」の額が、「社会福祉法に基づく事業に活用している不動産等」、「再取得に必要な財産」、「必要な運転資金」、「年間事業活動支出」のいずれかを下回る場合、その他の計算を省略して良いか。

(答)

1. 貴見のとおり取り扱って差し支えない。

2. なお、この場合、社会福祉充実残額算定シートの記入に当たっては、「活用可能な財産」の欄が記載された上で、「社会福祉法に基づく事業に活用している不動産等」、「再取得に必要な財産」、「必要な運転資金」、「年間事業活動支出」のうちの一部の計算結果が記載され、これらを比較した結果、明らかに「活用可能な財産」の額が下回っていることが判別できるようになっていることが必要である。

## 【２．社会福祉充実計画】

> 問41　社会福祉充実残額を算定した結果、その額が10万円などの少額である場合であっても、社会福祉充実計画を作成する必要があるのか。

（答）

1. 社会福祉充実残額の算定の結果、社会福祉充実残額が極めて少額であり、社会福祉充実計画を策定するコストと比較して、これを下回るような場合には、事実上、社会福祉充実事業の実施が不可能なものとして、社会福祉充実計画を作成することは要しない。

2. ただし、法人の判断により、これと他の財源を組み合わせ、一定の財源を確保することにより、社会福祉充実計画を策定し、これに基づき社会福祉充実事業を実施することを妨げるものではない。

> 問42　社会福祉充実計画において、災害等のリスクに備えた積立てを行う、又は単に外部の社会福祉法人に資金を拠出するといった内容を記載することは可能か。

（答）

1. 社会福祉充実計画については、法第55条の2第1項において、「既存事業の充実又は既存事業以外の新規事業の実施に関する計画」と定義されている。

2. このため、社会福祉充実計画の内容は、法人が社会福祉充実残額を活用し、①一定の対象者に対して、②受益的なサービスや給付等を、③新たに実施する又はそれらの充実を図るための支出を行う、事業の実施に関する計画であることが求められるものである。

3. したがって、事業実施時期の見通しを明らかにせずに単に資金の積み立てを行う、又は単に資金を拠出するといった内容の計画は認められない。（資金の拠出に併せて、外部の法人の取組や事業に、当該法人の役職員が一定の関わりを持つような場合には、事業の実施に関する計画として認められることはあり得る。）

156

第4章 資料編

問43 社会福祉充実計画に盛り込むべき内容として、①一定の対象者に対して、②受益的な サービスや給付等を、③新たに実施する又はそれらの充実を図るための支出を行うこととされ ているが、具体的にはどのように理解すれば良いか。

（答）

1. ここでいう「一定の対象者」とは、法人が実施する事業の利用者又は法人職員、地域住民のい ずれかを指すものであり、計画上、これが明確に特定されていることが必要である。

2. また、「受益的なサービスや給付等」とは、上記の対象者が具体的又は反射的に利益を享受す るサービスや給付等であることが必要である。

3. さらに、「新たに実施する又はそれらの充実を図るための支出を行う」とは、計画実施期間中に、 新たに上記のサービスや給付等を創設する、又は既存のサービスや給付等について、対象者の 拡大や実施回数の増加、プログラム内容の充実、設備の充実による利用者の生活環境の改善 など、これまでのサービス水準等を向上させるための取組に係る支出を行うことをいうものである。

問44 社会福祉充実計画に記載すべき事業内容は、どのような内容を記載すべきか。

（答）

1. 社会福祉充実計画については、社会福祉法人が保有する財産の使途等について、国民に対す る説明責任の強化を図るために行うものであることから、国民が計画に位置付けられた事業の目 的や内容を十分に理解できるよう、可能な限り具体的に記載されることが必要である。

2. 具体的には、問42の回答のとおり、社会福祉充実計画は、「一定の対象者に対して、受益的な サービスや給付等を、新たに実施する又はそれらの充実を図るための支出を行う」ことを内容とす る計画であることから、少なくとも、

① 誰を対象にして

② どのような「サービスや給付等」を実施し

③ それにより、対象者がどのような利益を享受し、

④ それにどの程度のコストをかけることを予定しているのか

といった内容が明確に記載されている必要がある。

問45 社会福祉充実計画において、法人における検討の結果、第1順位である社会福祉事業 は実施せず、第2順位である地域公益事業又は第3順位である公益事業のみを実施すること は可能か。

（答）

1. 可能である。

第4章

－25－　　157

問46 社会福祉充実計画において、社会福祉充実残額を将来において見込まれる既存事業の赤字により費消するといった内容を記載することは可能か。

（答）

1. ご指摘のような内容は、既存事業の充実にはあたらず、計画の内容としては認められないものである。

問47 社会福祉充実計画において、建物に係る借入金を返済するといった内容を記載することは可能か。

（答）

1. 問42の回答のとおり、社会福祉充実計画は、一定の対象者に対して、受益的なサービスや給付等の実施又は充実を図るための支出を行う事業の実施に関する計画であることが求められるものであることから、単に既存の借入金を返済するといった内容の計画は認められない。

問48 社会福祉充実計画においては、事業費を記載することとされているが、当該事業費は、社会福祉法人会計基準に定める事業費に限定され、人件費や事務費は含まないという理解で良いか。

（答）

1. 社会福祉充実計画に記載する事業費については、人件費や事務費を含め、社会福祉充実残額に係る「支出」全体を記載するものである。

問49 法人が既に実施している事業を社会福祉充実計画に基づく社会福祉充実事業に振り替えることは可能か。

（答）

1. 社会福祉充実計画に基づく社会福祉充実事業については、「既存事業の充実」に資するものであることが必要であることから、地域の福祉ニーズを踏まえた上で、対象者や事業内容の充実を図るなど、既存事業の見直しを行った上で、これを社会福祉充実事業として実施することは可能である。

第4章 資料編

---

問50 社会福祉充実計画において、退職職員の補充を行うことは可能か。

（答）

1. 社会福祉充実計画に基づく社会福祉充実事業については、「既存事業の充実」に資するものであることが必要であることから、単に退職職員の補充を行うことのみならず、次の全部又はいずれかの視点から、「既存事業の充実」につながる新たな取組を伴うものであることが必要である。

① 日中のケアや支援プログラムの充実など、利用者に対するサービスの充実

② 職員の増員や有資格者の採用、職員研修プログラムの拡充など、職員に対する処遇の充実

---

問51 社会福祉充実計画において、職員の給与改善を行う場合、当該改善を行う職員に係る給与全額を盛り込んで良いか。それとも改善に係る相当額のみを盛り込むべきか。

（答）

1. 社会福祉充実残額は、計画を策定した会計年度以降に新たに発生するコストに充てるべきものであることから、社会福祉充実計画において職員の給与改善を行う場合は、改善に係る相当額のみを対象とすべきである。

2. 具体的には、計画を策定した前会計年度における法人単位資金収支計算書の「人件費支出（「役員報酬支出」を除く）」を超える必要額が基本となる。

---

問52 平成30年度に策定する社会福祉充実計画において、平成29年度の給与規定の改正に基づく、職員の給与改善の実施を盛り込むことは可能か。

（答）

1. 給与規定の改正時期にかかわらず、前年度の給与支給額と比較して、計画策定年度に改善する部分があれば、当該部分について社会福祉充実計画に盛り込むことは可能である。

2. ただし、社会福祉充実残額の活用は、社会福祉充実計画の承認日以降となるので留意すること。

第4章

問53　社会福祉充実計画において、施設の建替・設備整備を行う場合、「既存事業の充実」に資するものとするため、必ず定員の増加を伴うものでなければならないと解すべきか。

（答）

1. 社会福祉充実計画において、施設の建替・設備整備を行う場合であっても、「既存事業の充実」に資する事業を実施することが必要となるが、定員の増加を伴わない場合であっても、
   ① 居室の個室・ユニット化や居室面積の拡充、利用者が使用できる共有スペースの充実などによる利用者の生活環境の向上
   ② 先進福祉機器等の導入による利用者ケアの充実
   ③ ICT設備等の導入による職員の業務効率化
   などを通じて、既存事業の充実を図ることは可能であると考えられ、必ずしも定員の増加を伴う必要はない。

問54　社会福祉充実計画において建物の建設を行う場合、当該計画には建設の着工及び竣工までを盛り込むことで足りるか。

（答）

1. 社会福祉充実計画は、「既存事業の充実又は新規事業の実施」に関する計画とされていることから、少なくとも計画実施期間中に事業開始時期を見込むことが必要であり、建物の新設、建替等を行う場合には、建設の着工及び建物が竣工するのみならず、当該建物を活用した事業が開始するまでを計画に盛り込む必要がある。

第4章　資料編

> 問55　社会福祉充実計画の承認に当たって、判断が難しい事例がある。当該事例ごとにその適否を示されたい。

（答）

1. 社会福祉充実計画の承認に当たって、次表のような判断が難しい事例については、その適否をそれぞれ掲げるとおり判断すべきと考える。

| | 事例 | 考え方 | 適否 |
|---|---|---|---|
| ① | 既存建物の修繕（附属設備の更新含む。） | ○　修繕により、建物内外の機能向上が図られ、利用者等に対するサービスの向上にも資する内容となっている場合には、可。<br>（単なる現状復旧のための修繕・補修費用など、サービスの向上に影響を及ぼさない場合は不可。） | △ |
| ② | 太陽光パネルの設置等省エネ設備の整備 | ○　省エネ設備の整備により、経営の安定化や設備の機能向上が図られ、利用者等に対するサービスの向上にも資する内容となっている場合には、可。<br>（単に消費電力が省力化するなど、サービスの向上に影響を及ぼさない場合は不可。） | △ |
| ③ | 倉庫の建替 | ○　倉庫の建替に併せて、災害時用の備蓄品の備蓄を行うなど、利用者等に対するサービスの向上にも資する内容となっている場合には、可。 | △ |
| ④ | 将来の不動産取得等のための積立て・資産運用 | ○　計画実施期間中において、利用者等に対するサービスの向上が図られるとは言えないとともに、事業費として外部に支出がなされていないことから、不可。 | × |
| ⑤ | 将来的に事業を実施するための不動産取得 | ○　計画実施期間中において、利用者等に対するサービスの向上が図られるとは言えないことから、不可。<br>（計画実施期間中に、不動産取得に加え、事業の開始までが予定されていれば可。） | × |
| ⑥ | 現に有償又は無償賃借をしている事業用不動産の全部取得 | ○　法人による事業運営の安定性の向上に資するものであり、結果的に利用者等も利益を享受できることから、可。 | ○ |
| ⑦ | 現に有償又は無償賃借をしている事業用不動産の一部取得<br>※　現に賃借をしている土地の一部のみ取得するような場合 | ○　提供されるサービス内容に何ら影響を及ぼさないことから、不可。<br>（一部取得と併せて、増改築等を行うことにより、併せて建物の機能向上等を図る場合には、可。） | × |
| ⑧ | 送迎車両の更新 | ○　建物とは異なり、利用者等に対するサービスの向上が図られるとは言えないことから、不可。<br>（再取得に必要な費用は控除対象財産として控除済み。ただし、電動リフト搭載車に変更するなど、サービスの向上に資する更新となっている場合には、可） | × |

－29－

| | | | |
|---|---|---|---|
| ⑨ | 送迎車両の台数の増加 | ○　送迎車両の台数の増加により、送迎回数が増加するなど、利用者等の利便性の向上に資する内容となっている場合には、可。 | △ |
| ⑩ | 駐車場の拡張 | ○　職員の通勤効率化、家族との交流の活性化などに資する内容となっている場合には、可。 | △ |
| ⑪ | 会議室の設置 | ○　ケアカンファレンスの活性化などにより、利用者等に対するサービスの質の向上に資する内容となっている場合には、可。 | △ |
| ⑫ | 防災・防犯設備の導入 | ○　利用者等の安全確保に資することから、可。 | ○ |
| ⑬ | 建物の耐震化診断 | ○　現行の耐震化基準導入以前に建設された建物について、現行の基準を満たしているか不明な場合に診断を行うことは、利用者等の安全確保に資することから、可。 | ○ |
| ⑭ | 従業員向けの退職金等に係る保険加入や給食の実施等福利厚生の充実 | ○　職員の処遇改善に資することから、可。 | ○ |
| ⑮ | 会計監査や内部統制向上支援、事務処理体制向上支援の実施 | ○　法人による事業運営の安定性の向上に資するものであり、結果的に利用者等も利益を享受できることから、可。 | ○ |
| ⑯ | 第三者評価の受審 | ○　利用者等に対するサービスの質の向上に資することから、可。 | ○ |

第4章　資料編

問56　社会福祉充実計画の承認に当たって、当該計画に複数の事業が盛り込まれている場合であって、要件を満たす A 事業と、要件を満たしていない B 事業とが混在している場合、どのように取り扱うべきか。

（答）

1. B 事業については、社会福祉充実計画には盛り込むことはできず、原則として計画から削除することが必要である。

2. ただし、B 事業が A 事業と一体的に行われるものである場合には、A 事業の中に B 事業を包含させる修正を行った上で、計画全体を適当なものとして取り扱って差し支えない。

問57　社会福祉充実計画の実施期間については、原則5か年度以内のところ、合理的な理由があると認められる場合には10か年度以内とすることができることとされているが、具体的な判断基準如何。【事務処理基準4の(4)関係】

（答）

1. 社会福祉充実計画の実施期間を10か年度以内とするに当たって「合理的な理由」がある場合とは、法人において、計画上、社会福祉充実事業の事業目的を達成するために必要な期間が10か年度を要するという理由を相当程度明らかにしていれば足りるものであり、例えば次のような理由が考えられる。

　① 計画において、10か年度にわたり社会福祉充実事業を継続する内容となっていること

　② 計画において、6か年度目以降に建物の建替や新規事業所の開設などを行う内容となっていること

問58　実施期間を5か年度とする社会福祉充実計画の申請がなされ、内容を確認したところ、2か年度で社会福祉充実残額全額を費消するような場合であっても、5か年度の計画として承認して良いか。

（答）

1. 社会福祉充実計画は、申請を行う年度の前会計年度に発生した社会福祉充実残額の使途を明らかにする性質のものであることから、社会福祉充実残額がゼロとなった時点で、計画の実施期間を終了させることが必要であり、ご指摘のような場合については、2か年度の計画として承認する必要がある。

> 問59　社会福祉充実計画原案について、評議員会で承認を受けた後に、公認会計士・税理士
> 　　等に確認書の作成を依頼することは可能か。

（答）

1．可能であるが、公認会計士・税理士等による確認の結果、社会福祉充実計画原案を修正する
　場合には、再度、評議員会に諮る必要がある。


> 問60　社会福祉充実計画について、複数地域で事業を実施する場合、どの地域で申請を行う
> 　　べきか。また、事業の実施地域についての制限はあるのか。

（答）

1．社会福祉充実計画については、社会福祉充実事業を行う地域に関わらず、法人の所轄庁に対
　して、申請を行うこととなる。

2．また、社会福祉充実事業の実施地域についての制限はなく、社会福祉充実残額の規模などを
　踏まえ、法人が判断することとなる。


> 問61　社会福祉充実計画の確認は，業務委託を行っている公認会計士・税理士やこれらの資
> 　　格を有する役職員でも可能か。【事務処理基準5関係】

（答）

1．理事長を除き、可能である。


> 問62　社会福祉充実計画の策定に当たって、公認会計士等の専門家の意見を聴くとされてい
> 　　るが、所轄庁が承認する際にも、同様の手続きを行う必要があるのか。

（答）

1．社会福祉充実計画の承認に当たって、所轄庁が改めて公認会計士等の専門家の意見を聴く必
　要はない。

第4章 資料編

> 問63 複数の社会福祉法人の事業区域等が重なり、社会福祉充実事業の実施に当たって効率性や実効性が乏しい状況となる可能性がある場合には、所轄庁又は市町村社会福祉協議会若しくは都道府県社会福祉協議会がこれを調整することは可能か。

（答）

1. ご指摘のような場合、所轄庁又は社会福祉協議会が広域的な調整を行うことは可能であるとともに、地域協議会の場を活用することも考えられる。

2. ただし、最終的な事業実施に係る判断は法人が行うべきものであることから、法人の意向や自主性に十分配慮を行うことが必要である。

> 問64 公認会計士・税理士等の確認書の作成に要する費用は、社会福祉充実残額を充てることができるのか。

（答）

1. 公認会計士・税理士等の確認書の作成に要する費用については、社会福祉充実計画の策定に必要な費用として、これに社会福祉充実残額を充てて差し支えない。

第4章

165

問65 社会福祉充実計画の事業費が社会福祉充実残額を上回る場合、計画書における事業費等の記載方法如何。

（答）

1. ご指摘のような場合、以下の記載例を参考にすること。

（例） 社会福祉充実残額2億円が生じた法人において、社会福祉充実残額以外に自己資金3億円を活用して施設を整備し、新規事業を実施する場合

### 平成30年度～平成34年度　社会福祉法人〇〇　社会福祉充実計画

#### 1. 基本的事項

| 会計年度別の社会福祉充実残額の推移（単位：千円） | 残額総額（平成29年度末現在） | 1か年度目（平成30年度末現在） | 2か年度目（平成31年度末現在） | 3か年度目（平成32年度末現在） | 4か年度目（平成33年度末現在） | 5か年度目（平成34年度末現在） | 合計 | 社会福祉充実事業未充当額 |
|---|---|---|---|---|---|---|---|---|
| | 200,000千円 | 200,000千円 | 200,000千円 | 200,000千円 | 200,000千円 | 0千円 | | 0千円 |
| うち社会福祉充実事業費（単位：千円） | | 0千円 | 0千円 | 0千円 | 0千円 | ▲200,000千円 | ▲200,000千円 | |
| 本計画の対象期間 | 平成30年9月1日～平成35年2月10日 | | | | | | | |

#### 2. 事業計画

| 実施時期 | 事業名 | 事業種別 | 既存・新規の別 | 事業概要 | 施設整備の有無 | 事業費 |
|---|---|---|---|---|---|---|
| 5か年度目 | 〇〇事業 | | | | 有 | 500,000 千円 |
| | | | 小計 | | | 500,000 千円 |
| | | | 合計 | | | 500,000 千円 |

#### 4. 資金計画

| 事業名 | 事業費内訳 | | 1か年度目 | 2か年度目 | 3か年度目 | 4か年度目 | 5か年度目 | 合計 |
|---|---|---|---|---|---|---|---|---|
| 〇〇事業 | 計画の実施期間における事業費合計 | | | | | | 500,000 千円 | 500,000 千円 |
| | 財源構成 | 社会福祉充実残額 | | | | | 200,000 千円 | 200,000 千円 |
| | | 補助金 | | | | | | |
| | | 借入金 | | | | | | |
| | | 事業収益 | | | | | | |
| | | その他 | | | | | 300,000 千円 | 300,000 千円 |

#### 5. 事業の詳細

| 事業費積算（概算） | 〇〇施設建設費用　500,000 千円 | |
|---|---|---|
| | 合計 | 500,000 千円（うち社会福祉充実額充当額　200,000 千円） |

> 問66 当初策定した社会福祉充実計画（実施期間：平成29年度～平成33年度末までの5年間）について、平成32年度に変更を行った場合、当該計画の実施期間は、変更年度である平成32年度から平成36年度末までの計画に延長されるという理解で良いか。

（答）

1. 社会福祉充実計画の実施期間については、変更の有無やその時期にかかわらず、原則として、当初策定した計画の実施期間の満了の日までが有効となるものであり、変更によって当然に実施期間が延長されるものではない。

2. ただし、社会福祉充実計画の実施期間は最大10年間としていることから、合理的な理由がある場合には、当初策定年度（平成29年度）から10年間（平成38年度まで）の範囲内で、計画の終了時期の変更を行うことは可能である。

> 問67 当初策定した社会福祉充実計画において、単身高齢者の見守りを行う事業の実施が予定されていたところ、計画実施期間の途中で、建物の建替を行う事業へと、計画の内容が抜本的に変更されるような場合、変更申請により対応して良いか。

（答）

1. 当初策定した計画の内容を抜本的に見直すような場合、計画の変更ではなく、一旦計画を終了し、改めて新規計画を策定することが適当である。

問68 社会福祉充実計画の変更に当たって、承認申請事項と届出事項とが混在する場合、それぞれ別々の書類を提出させるべきか。【事務処理基準10関係】

（答）

1. 変更後の社会福祉充実計画において、文末に（）書を付すなど、承認申請事項と届出事項が明確に判別できるようになっていれば、これらを一体的に取り扱うことも差し支えない。

2. この場合、事務処理基準別紙5及び別紙6の様式例にかかわらず、次の様式例を参考とすること。

---

（文書番号）

平成〇年〇月〇日

〇〇〇都道府県知事
　　又は　　　　　殿
　〇〇〇市市長

（申請者）

社会福祉法人　〇〇〇

理事長　〇〇　〇〇

承認社会福祉充実計画の変更に係る承認申請及び届出について

平成〇〇年〇月〇日付け（文書番号）により、貴庁より承認を受けた社会福祉充実計画について、別添のとおり変更を行うこととしたので、社会福祉法第55条の3第1項の規定に基づき、貴庁の承認を申請するとともに、同法同条第2項の規定に基づき、貴庁に届出を行う。

（添付資料）

・　変更後の平成〇年度～平成〇年度社会福祉法人〇〇〇社会福祉充実計画
　（注）変更点を赤字とする、新旧対照表を添付するなど、変更点を明示するとともに、承認申請事項と届出事項が容易に判別できるよう、変更箇所の文末に「（承認申請事項）」又は「（届出事項）」を付すこと。
・　社会福祉充実計画の変更に係る評議員会の議事録（写）
・　公認会計士・税理士等による手続実施結果報告書（写）
・　社会福祉充実残額の算定根拠
・　その他社会福祉充実計画の記載内容の参考となる資料

---

168

第4章　資料編

> 問69　社会福祉充実計画の変更は、どのような時期に行うべきか。【事務処理基準10関係】

（答）

1. 社会福祉充実計画の変更は、毎会計年度に算定される社会福祉充実残額の状況を反映することが必要であることから、災害の発生など、計画策定時からの大幅な事情変更がある場合を除き、原則として、毎会計年度、所轄庁へ計算書類等を提出する時期（6月30日）に併せて行うものとする。

2. なお、計画の変更承認手続きについては、法第55条の3第1項において「あらかじめ、所轄庁の承認を受けなければならない」とされていることから、上記の時期では事前に所轄庁の承認を得ることが困難な場合には、この限りではない。

　　※　他方、計画の変更届出については、法第55条の3第2項において「遅滞なく、その旨を所轄庁に届け出なければならない」とされていることから、事後の届出で可。

> 問70　承認社会福祉充実計画において、事業開始時期が8月1日とされていたところ、実際の事業開始時期は9月1日となり、また、事業費についても変動が見込まれる。このような場合についても計画の変更は必要なのか。【事務処理基準10関係】

（答）

1. 承認社会福祉充実計画の変更手続きについては、事務処理基準10に規定するとおり、社会福祉充実計画が「承認申請時点における将来の社会福祉充実残額の使途を明らかにする」といった性質のものであることから、実績との乖離が生じたことをもって計画の変更手続きを行う必要はない。

2. 当該変更手続きについては、

　　①　社会福祉充実事業の対象者に大きな影響を及ぼす内容か、

　　②　将来に渡って影響を及ぼす内容か、

　　③　地域住民に公表すべき内容か、

　　といった観点から、法人において計画変更の必要性を検討し、法人において必要と判断する場合に行うことが必要となるものである。

3. よって、「事務処理基準10」に規定する表は、法人が社会福祉充実計画の変更が必要と判断した場合において、変更承認手続又は変更届出手続のいずれを行うべきかを区分するための判断基準となるものであること。

第4章

問71　承認社会福祉充実計画について、社会福祉充実残額が変動した場合、それのみをもって変更手続きを行う必要があるのか。【事務処理基準10関係】

（答）

1. 承認社会福祉充実計画に記載される社会福祉充実事業に充てる社会福祉充実残額については、申請時点における計画上の見込額であることから、実際上の社会福祉充実残額が変動したことのみをもって計画の変更手続きを行う必要はない。

2. ただし、実際上の社会福祉充実残額の変動に伴い、法人が計画上の社会福祉充実残額に併せて事業費の変更を希望する場合又は実際上の社会福祉充実残額が計画策定時の見込みの倍以上に増加した場合など、計画上の社会福祉充実残額と大幅な乖離が生じ、再投下すべき事業費を大幅に増額できる状態にある場合等には、計画の変更手続きを行うことが必要である。

問72　問71において、実際上の社会福祉充実残額が計画策定時の見込みの倍以上に増加した場合は、計画の変更を行うことが必要とされているが、「計画策定時の見込み」とは具体的にどの値を指すか。【事務処理基準10関係】

（答）

1. 平成29年度決算において、実際上の社会福祉充実残額が大幅に増加したような場合には、平成29年度末現在の計画額（計画様式における1. 基本的事項の「会計年度別の社会福祉充実残額の推移」の値）との比較を行うものである。

問73　問14において、社会福祉充実計画により購入した土地が当該計画の実施期間満了まで控除対象財産とならないことにより、実際上の社会福祉充実残額が計画策定時の見込みの倍以上に増加した場合、計画の変更を行う必要があるのか。

（答）

1. ご指摘のような場合、実際上の社会福祉充実残額から、当該土地等の固定資産に係る貸借対照表価額分を差し引いた額と、計画額とを比較すること。

2. この場合、財産目録において社会福祉充実計画用財産として、これを特定できるようにすることが必要であり、具体的な記載方法については、以下のとおりとすること。

（具体的な記載例）

【控除非対象】土地　○○円　社会福祉充実計画用財産

> 問74 法人において緊急的な支出の必要性が生じた場合に、所轄庁の承認を得ずに、社会福祉充実残額をその支出に充てることはできるのか。

（答）

1. 可能である。

2. ただし、法人は、社会福祉充実計画に従って事業を行わなければならないことから、社会福祉充実残額の大幅な減少につながるような支出を行う場合には、所轄庁とも相談の上、必要に応じて社会福祉充実計画の変更等の手続きを行うことが適当である。

> 問75 社会福祉充実事業について、予測できない財務状況の変化等により、明らかに社会福祉充実残額が不足する事態となった場合、どのような対応をすれば良いか。

（答）

1. 法第55条の4の規定に基づき、社会福祉充実計画を終了することとなる。

> 問76 社会福祉充実計画の公表に当たって、社会福祉充実残額算定シートについても併せて公表する必要があるのか。【事務処理基準12関係】

（答）

1. 社会福祉充実計画の公表に当たっては、所轄庁からの承認を受けた計画本体を公表すれば足りるものであり、必ずしも社会福祉充実残額算定シートを公表しなければならないものではない。

> 問77 社会福祉充実計画の公表に当たって、母子生活支援施設を運営している場合など、法人の所在地を公表することにより、利用者等の安全に支障を及ぼすおそれがある場合、どのように対応すれば良いか。【事務処理基準12関係】

（答）

1. 社会福祉充実計画の公表に当たって、法人の所在地や連絡先、事業実施地域などを公表することにより、利用者等の安全に支障を及ぼすおそれがある場合には、該当項目を白塗りとした上で、公表することも可能である。

2. ただし、所轄庁に対する承認申請の際には、全ての項目が記載されている必要があるので、留意すること。

問78　社会福祉充実計画の実績の公表はどのような様式で行えば良いか。【事務処理基準1
　　2関係】

（答）

1. 法人の任意の様式で差し支えないが、法人における事業報告において記載を加えることなどの
　　方法が考えられる。


問79　〇〇市の所管法人が社会福祉充実計画の承認申請を行うに当たって、当該計画にお
　　いて〇〇市以外での事業所の開設を含む内容となっていることから、当該計画が承認されれ
　　ば、年度の途中から所轄庁が〇〇市から□□県に変わることとなる。このような場合、6月30
　　日時点の旧所轄庁（〇〇市）に計画の承認申請を行うべきか、それとも事業実施後の新所
　　轄庁（□□県）に申請を行うべきか。

（答）

1. ご指摘のような場合、法人は旧所轄庁（〇〇市）に計画の承認申請を行い、旧所轄庁が承認を
　　行うものとする。

2. この際、旧所轄庁においては、計画の承認に当たって、市域外での事業実施の適否について新
　　所轄庁の意見を求めるなど、新旧所轄庁において十分な連携を図ること。

3. なお、計算書類等の提出についても、旧所轄庁あて行うこと。


問80　承認社会福祉充実計画については、2年目以降、どのような手続が必要となるのか。

（答）

1. 計画の変更を行わない限りにおいては、社会福祉充実残額を算定し、その結果（社会福祉充実
　　残額算定シート）を計算書類等とともに、6月末までに所轄庁あて届け出ることで足りるものであ
　　る。

第4章 資料編

> 問81 法人から申請のあった社会福祉充実計画について、本来記載すべき内容が記載されて
> いない又は事業内容が問42に掲げる要件に明らかに適合していないなど、不適法な内容で
> ある場合、所轄庁においては、どのように取り扱うべきか。

（答）

1. 法人から申請のあった社会福祉充実計画が不適法な内容である場合、所轄庁においては、原
則として以下のような手順により、対応すべきである。

　① 不適法な理由を明らかにした上で、一定の期限までに申請内容の修正を指導

　② ①の指導に従わない場合、申請に対する不承認を通知するとともに、一定の期限までに計画
の再提出を指示

　③ ②の指示に従わない場合、社会福祉法第 56 条の規定に基づき、改善勧告や改善命令、役
員解職勧告等を順次実施

2. なお、所轄庁において、判断が難しい個別の事案がある場合については、厚生労働省社会・援
護局福祉基盤課あて照会されたい。

## 【3．地域協議会】

> 問82　地域協議会の運営に当たって、所轄庁においてはどのような事務を行えば良いか。

（答）

1. 所轄庁については、法第55条の2第8項の規定を踏まえ、地域協議会の体制整備に関して責任を有することから、例えば、以下のような事務を直接的又は間接的に行うことが必要である。

　① 社会福祉法人が意見聴取を行うに当たって、所管地域において空白地域が生じないよう、一又は複数の地域協議会の立上げに向けた必要な調整を行うこと

　② 地域協議会の構成員の人選を行うこと

　③ 管内の地域協議会の窓口等のリスト化を図り、周知を行うこと

　④ 社会福祉法人が意見聴取を行うに当たって、地域協議会の開催日に係る日程調整を行うこと

　⑤ 地域協議会にオブザーバーとして参加し、法人間又は他の事業等との連携、役割分担等の調整を行うこと

> 問83　地域協議会の開催費用については、どこが負担すべきか。

（答）

1. 地域協議会の開催費用については、道府県・市に係る地方交付税において措置されているところであり、原則として所轄庁が負担することが適当である。

174

第4章　資料編

> 問84　地域協議会は必ず設置しなければならないのか。また、法人が自ら地域の関係者から意見聴取を行うことは可能か。

（答）

1. 地域協議会については、法人が円滑かつ公正中立な意見聴取が行えるようにするとともに、地域公益事業の実施を契機として、地域における関係者のネットワークの強化を図りつつ、地域福祉の推進体制の強化を図るために設置するものである。

2. このように、法人が実施する地域公益事業の実効性を高めていく観点から、既存の会議体の活用を含め、地域協議会を設置することが必要であると考えている。

3. しかしながら、地域協議会の体制整備に時間を要している所轄庁も多いことから、平成30年度においては、以下のような方法等により代替することができるものとする。

　　① 法人に設置される運営協議会において意見聴取を行うこと

　　② 法人において住民座談会やサロン等を主催し、そこで意見聴取を行うこと

4. なお、このような場合であっても、可能な限り速やかに地域協議会を設置するものとし、設置次第、地域公益事業の取組内容について改めて協議を行い、その結果を踏まえ、必要に応じて社会福祉充実計画の見直し等を行っていくことが重要である。

5. また、所轄庁における地域協議会の開催に係る経費については、地方交付税による措置がなされているので、これも有効に活用されたい。

> 問85　地域協議会において意見聴取を行うに当たって、社会福祉充実計画原案を作成した法人の出席は必ず必要か。また、地域協議会の構成員から書面により意見聴取を行うといった方法は可能か。

（答）

1. 地域協議会については、地域の関係者間のネットワークの強化を図りつつ、それぞれの取組間の連携強化、既存の取組の狭間にある地域課題の共有、これに対応した新たな社会資源の創出などを協議し、それぞれの取組内容の摺り合わせを行うこと等を目的として開催するものであることから、原則として、法人及び地域協議会の構成員の出席の下、開催することが必要である。

2. しかしながら、地域協議会の開催に係る構成員間の日程調整が困難な場合や、法人における社会福祉充実計画の理事会・評議員会での承認スケジュール等との関係から、地域協議会の開催が困難な場合など、やむを得ない事情がある場合には、ご指摘のような方法により代替することも可能である。

3. ただし、このような場合にあっても、後日、承認社会福祉充実計画に基づく事業の実施状況をフォローアップするための地域協議会を開催し、そこでの協議内容を必要に応じて計画に反映していくといったプロセスを確保することが重要である。

第4章

－43－　　175

問86 地域公益事業の実施とともに、既存事業の充実を図ることを内容とする社会福祉充実
　　計画の場合、既存事業の充実部分についても、地域協議会の意見を聴く必要があるのか。

（答）

1．地域協議会においては、最低限、地域公益事業についての意見聴取を行えば足りるものである
　　が、法人がその他の事業についても併せて意見聴取を希望する場合には、任意でそのような取
　　扱いとすることも可能である。


問87　法人から地域公益事業の実施希望がない場合、地域協議会は開催しなくても良いか。

（答）

1．法人から地域公益事業の実施希望がない場合であっても、法人が「地域における公益的な取
　　組」を進めていく上で、地域課題を理解し、関係者とのネットワークづくりを推進することは有用であ
　　ることから、他に同様の議論の場がある場合を除き、
　　①　地域課題の共有
　　②　地域の関係者によるそれぞれの取組内容の共有
　　③　地域の関係者の連携の在り方
　　④　「地域における公益的な取組」の取組内容、推進方策
　　などに関する討議を行うため、毎年度1回以上は行うことが望ましい。


問88　法人が当該法人の所轄庁以外の区域で地域公益事業を実施する場合、当該法人の
　　所轄庁はどのような対応を行うべきか。

（答）

1．所轄庁において、法人からこのような相談を受けた場合には、法人が地域公益事業の実施を希
　　望する地域を所管する所轄庁又は自治体に対して、法人の概略、相談内容などについて情報提
　　供を行うなど必要な調整を行われたい。


問89　自らの所管地域内において、他の所轄庁が所管する法人が事業の実施を希望する場
　　合には、どのように対応すべきか。

（答）

1．所管地域内における福祉サービスの充実が図られることとなるため、他の所轄庁が所管する法
　　人であっても、当該他の所轄庁と連携を図り、自らの所管地域内にある地域協議会の開催等、
　　必要な支援を行われたい。

176

社援基発 0 1 2 3 第 1 号
平成 3 0 年 1 月 2 3 日

都道府県
各　指定都市　民生主管部（局）長　殿
　中　核　市

厚生労働省社会・援護局福祉基盤課長
（　公　印　省　略　）

社会福祉法人による「地域における公益的な取組」の推進について

　社会福祉法人（以下「法人」という。）による「地域における公益的な取組」については、平成 28 年に成立した社会福祉法等の一部を改正する法律（平成 28 年法律第 21 号）による改正後の社会福祉法（昭和 26 年法律第 45 号。以下「法」という。）第 24 条第 2 項の規定に基づき、平成 28 年 4 月から、当該取組の実施が法人の責務として位置付けられたところです。

　厚生労働省においては、子ども、高齢者、障害者など全ての人々が地域、暮らし、生きがいを共に創り、高め合うことができる地域共生社会の実現を目指し、住民が主体的に地域課題を把握して解決を試みる地域づくりへの支援とともに、複合化・複雑化した課題を包括的に受け止める総合的な相談支援体制づくりを進めています。

　こうした中、法人においては、これまでに培ってきた福祉サービスに関する専門性やノウハウ、地域の関係者とのネットワーク等を活かしながら、「地域における公益的な取組」の実践を通じて、こうした地域づくりと連携し、積極的に貢献していくことが期待されています。

　このような状況を踏まえ、「地域における公益的な取組」については、法人がより一層取り組みやすいものとし、もって地域の実情に応じた福祉サービスの更なる充実を図ることができるよう、当該取組に係る運用について、下記のとおり解釈を明確化することとしたので、御了知の上、管内市区町村又は関係団体への周知等よろしくお取り計らい願います。

　なお、本通知の施行により、「社会福祉法人の「地域における公益的な取組」について」（平成 28 年 6 月 1 日付け社援基発 0601 第 1 号当職通知）は廃止します。

　また、本通知のうち、4 の規定については、地方自治法（昭和 22 年法律第 67 号）第 245 条の 9 第 1 項及び第 3 項の規定に基づく都道府県及び市（特別区を含む。）が法定受託事務を処理するに当たりよるべき基準として発出することを申し添えます。

記

1.「地域における公益的な取組」の実施に係る責務の趣旨

　法人は、地域住民が抱える多様な福祉ニーズ（以下「地域ニーズ」という。）に対応するため、社会福祉事業の運営を主たる目的として設立されるものであるが、法人の経営組織や財務規律に関して必要な規制が行われる一方で、法人として税制上の優遇措置を受けているほか、社会福祉事業等の事業費として支払われる介護報酬や措置費、委託費等については、税や保険料等の公費によって賄われている。

　こうした法人の公益的性格に鑑みると、自らが行う事業の利用者（以下「利用者」という。）の福祉ニーズを的確に把握し、これに対応することのみならず、少子高齢化、人口減少社会等の社会情勢の変化を踏まえつつ、既存の社会保障制度や社会福祉制度では対応が困難な地域ニーズを積極的に把握し、地域の関係機関との連携や役割分担を図りながら、新たな地域ニーズに対して積極的に対応していくことが求められている。

　「地域における公益的な取組」の実施に係る責務は、このような認識の下、全ての法人に課されるものであるが、法人に対して画一的かつ特定の取組の実施を促すものではなく、法人が、保有する資産や職員（以下「資産等」という。）の状況、地域ニーズの内容、地域における他の社会資源の有無などを踏まえつつ、その自主性、創意工夫に基づき取り組むべきものであり、当該取組の実施を通じて、地域に対し、法人が自らその存在価値を明らかにしていくことが重要である。

　一方、法人は、社会福祉事業の運営を主たる目的とすることから、「地域における公益的な取組」の実施に当たっては、社会福祉各法に基づく各種基準等を満たしつつ、法人が現に運営する社会福祉事業に支障を及ぼすことのないようにすることが必要である。

　なお、「地域における公益的な取組」により、行政が主体となって実施する又は実施しようとする事業を単に代替させるようなことがあってはならず、法人が、当該事業とは異なる新たな取組を創出することにより、地域における支援体制が重層化され、地域における課題解決力の向上が図られることを期待するものである。

2.「地域における公益的な取組」の内容
（1）法第24条第2項に規定する要件

　「地域における公益的な取組」は、法第24条第2項に規定するとおり、次の①から③までの3つの要件の全てを満たすことが必要である。

　①　社会福祉事業又は公益事業を行うに当たって提供される福祉サービスであること
　②　対象者が日常生活又は社会生活上の支援を必要とする者であること
　③　無料又は低額な料金で提供されること

（２）「社会福祉事業又は公益事業を行うに当たって提供される福祉サービス」の考え方について

　　「地域における公益的な取組」は、「社会福祉事業又は公益事業を行うに当たって提供される福祉サービス」であるが、これは、原則として、社会福祉を目的とする取組を指すものである。

　　したがって、地域ニーズを踏まえ、公費を受けずに、新たな社会福祉事業又は公益事業（法第55条の2第4項第2号に規定する地域公益事業を含む。）（以下「社会福祉事業等」という。）を実施する場合や既存の社会福祉事業等のサービス内容の充実を図る場合等がこの要件に該当するものである。

　　ただし、地域共生社会の実現に向けた地域づくりを進めていく観点からは、地域住民がそれぞれの立場から、地域社会に参加し、協働していくことが重要であることから、行事の開催や環境美化活動、防犯活動など、取組内容が直接的に社会福祉に関連しない場合であっても、地域住民の参加や協働の場を創出することを通じて、地域住民相互のつながりの強化を図るなど、間接的に社会福祉の向上に資する取組であって、当該取組の効果が法人内部に留まらず地域にも及ぶものである限り、この要件に該当する。

　　また、ここでいう「福祉サービス」には、法人の定款に基づく事業として行われるものに限らず、月に1回の行事の開催など、必ずしも恒常的に行われない取組も含まれる。さらに、災害時に備えた福祉支援体制づくりや関係機関とのネットワーク構築に向けた取組など、福祉サービスの充実を図るための環境整備に資する取組も含まれるものである。

（３）「日常生活又は社会生活上の支援を必要とする者」の考え方について

　　「地域における公益的な取組」は、「日常生活又は社会生活上の支援を必要とする者」を対象としているが、これは、原則として、利用者以外の者であって、地域において、心身の状況や家庭環境、経済状況等により支援を必要とするものを指すものである。

　　ただし、地域共生社会の実現に向けた地域づくりを進めていく観点からは、地域の様々な資源を活用し、現に支援を必要とする者のみならず、現在、支援を必要としない者であっても、将来的に支援を必要とする状態となった場合に適切に支援につながることができるような環境や状態を構築するという視点も重要である。したがって、「日常生活又は社会生活上の支援を必要とする者」には、自立した日常生活を営んではいるものの、単身で地域との関わりがない高齢者など、現に支援を必要としていないが、このままの状態が継続すれば、将来的に支援を必要とする可能性の高い者も含まれるものであり、「地域における公益的な取組」には、これらの者に対する予防的な支援を行う取組も含まれるものである。

また、直接的にこれらの者を対象としていない場合であっても、地域住民に対する在宅での介護技術研修の実施やボランティアの育成など、間接的にこれらの者の支援に資する取組も含まれるものである。

（４）「無料又は低額な料金で提供されること」の考え方について
　　「地域における公益的な取組」は、「無料又は低額な料金」で実施することとしているが、これは、原則として、法人が現に保有する資産等を活用することにより、取組の対象者から、通常要する費用を下回る料金を徴収し、又は料金を徴収せずに実施することを指すものである。
　　したがって、当該取組の実施に当たって、国又は地方公共団体から全額の公費負担がある場合には、この要件に該当しないが、このような場合であっても、法人による資産等を活用した追加のサービスが行われていれば、この要件に該当する。

（５）その他
　　「地域における公益的な取組」は、法人が単独で行わなければならないものではなく、複数の法人で連携して行うことも差し支えない。また、単に資金の拠出、建物等、法人が保有する資産の貸し出しのみでは、当該取組に該当するとは言えず、地域ニーズの把握から取組の企画、実施までの一連のプロセスに法人の役職員が実質的に関与することが必要である。
　　さらに、当該取組については、社会情勢の変化等に伴う地域ニーズの変化に応じて、求められる内容も変化していくことから、地域協議会や地域福祉計画策定委員会等の場を活用すること等を通じて、定期的に地域住民等の意見を聴取し、当該取組の実施状況について検証を行った上で、その結果を踏まえ、必要に応じて取組内容の充実や見直しを行っていくことが重要である。

３．定款上の位置付けについて
　　「地域における公益的な取組」のうち、恒常的に行われるものではない取組については、定款の変更は不要である。
　　また、公益事業のうち、規模が小さく社会福祉事業と一体的に行われる事業についても「社会福祉法人の認可について」（平成 12 年 12 月 1 日付け障第 890 号・社援第 2618号・老発第 794 号・児発第 908 号厚生省大臣官房障害保健福祉部長、社会・援護局長、老人保健福祉局長、児童家庭局長連名通知)に規定のとおり、定款の変更は不要である。

４．所轄庁の役割について
　　「地域における公益的な取組」は、法人が地域ニーズを把握し、自らの保有する資産等の状況なども勘案しながら、法人の自主的な判断の下、行われることが重要であり、

また、当該取組の是非は地域において評価されるべきものであることから、所轄庁は、法人に対し、特定の事業の実施を強制するような指導を行わないことは当然であるが、当該取組の内容が関係法令に明らかに違反するものでない限り、その適否を判断し、指導は行わないこと。

ただし、法人の資産等に明らかに余力があるにも関わらず、当該取組を全く実施していない場合や、地域において同様の取組が供給過剰となっている場合などの状況を把握した場合には、当該取組の実施や取組内容の変更を助言するものとする。

また、所轄庁においては、地域協議会等の開催などを通じ、法人が円滑に地域ニーズを把握できるような場を提供するとともに、管内の法人の取組状況を把握し、好事例を周知することなどを通じて、地域において、法人の取組を促す環境整備を進めていくよう努めること。

■著者

千葉　正展（独立行政法人福祉医療機構　経営サポート
センター　シニアリサーチャー／全国社会福祉法人経営
者協議会　制度・政策委員会委員）
※第1章、第4章：全国社会福祉法人経営者協議会　事務局
　　　　　　　　　（著者の所属・肩書は、平成30年5月現在）

## 社会福祉充実残額と法人経営
### ～社会福祉充実残額の理解と充実計画策定のポイント～

発　行　2018年5月22日　　初版第1刷
著　者　千葉　正展
編　者　全国社会福祉法人経営者協議会
発行者　野崎　吉康
発行所　社会福祉法人　全国社会福祉協議会
　　　　〒100-8980　東京都千代田区霞が関3-3-2　新霞が関ビル
　　　　電話　03-3581-9511　振替　00160-5-38440

定　価　本体1,000円（税別）
印刷所　三報社印刷株式会社

禁複製

ISBN978-4-7935-1276-6　C2036　¥1000E